河出文庫

戦国の日本語

五百年前の読む・書く・話す

今野真二

河出書房新社

はじめに

連歌の時代

一九八六年に出版された城山三郎『秀吉と武吉　目を上げれば海』（朝日新聞社刊）には「天正四年（一五七六年）五月六日。早朝から大三島の宮浦には、各地からの兵船が次々に到着した。汐やけした顔の武将や従者たちが、参道を大山祇神社へと向う。楠の巨木が生い茂り、ふだんは静まり返っている境内が、時ならぬにぎわいを見せた。武将たちは、それぞれ拝礼を済ませると、神楽殿へと吸いこまれて行った。総大将村上武吉が呼びかけた戦勝祈願の万句興行のはじまりである」というくだりがある。

右で述べられている村上武吉《たけよし》（一五三三?～一六〇四）は、豊臣秀吉（一五三六～一五九八）と同時代に生きた瀬戸内海賊の総大将で、因島《いんのしま》、能島《のしま》、来島《くるしま》の三島村上水軍を束ねていた。この武吉の娘景《きょう》を描いて二〇一四年に第十一回の本屋大賞を受賞したのが、和田竜『村上海賊の娘』（二〇一三年、新潮社刊）である。

村上家は、因島、能島、来島の三島に分かれ住んでいたが、能島村上氏は小早川、因島村上氏は毛利の家臣となり、来島村上氏は戦国期には伊予水軍の総帥であった河野氏に臣従し、後に豊臣秀吉についた。能島村上氏は、毛利水軍として、天文二十四（一五五五）年の厳島の戦い、永禄十（一五六七）年からの伊予出兵などに参戦している。
大山祇神社《おおやまづみ》は、愛媛県今治市大三島町宮浦にある神社で、伊予国一宮として知られる。全国にある山祇神社（大山祇神社）の総本社である。河野氏は大山祇神社の氏子で、弘安四（一二八一）年の蒙古襲来に際しては、河野通有《みちあり》が「三島八幡」の神助によって勝利を得たと伝えられている。河野氏に限らず、大山祇神社に武運長久を祈願し、願が満ちるに際して甲冑や刀剣を奉納することは早くから行なわれており、平安時代から室町時代に至るまでの多くの武具が神社に奉納されている。

この時代には、戦さに先立って、武運長久や戦勝を祈願して連歌を行ない、それを奉納してから戦さに臨むということも行なわれていた。「連衆《れんじゅ》」と呼ばれる、複数の人が参加して行なわれる連歌は、「座の文学」と呼ばれることがあるが、連衆は、それぞれ、その場で展開する連歌作品を書きとめていく。作品全体の展開は宗匠と呼ばれる指導役とその輔佐役である執筆《しゅひつ》がコントロールするが、執筆は実質的な監督者といってもよい。そして執筆もまた記録として作品を懐紙《かいし》に書きとめていく。そうした連歌懐紙を初めとした多くの連歌懐紙が大山祇神社には奉納されている。第四章でふれる、明智光秀の「愛宕百韻」連歌も、そもそもは、毛利征伐の戦勝祈願のための連歌であった可能性がたかいと考えられている。

さて、大山祇神社には、村上武吉が参加した時の連歌懐紙も残されている。天正四（一五七六）年五月六日から始まった万句の最後の千句の最後（十の第十）が七月五日に行なわれているが、その脇句（第二句）を武吉がつくっている。

　　塵とのみつもりて雪やたかま山　　　　高年

　　さえ行月はかつらきのさと　　　　　　武吉

　　夜半にたつ雲や嵐のはらふらん　　　　通総

　「たかま山」は奈良県金剛山地の葛城山の別称で、桜の名所として知られる歌枕である。奥山の景を詠んだ発句を受けて、武吉は目を転じて月が冴え渡る里を詠んでいる。連歌をつくるにあたって、歌枕について知っていることは必要であるので、武吉がそれを心得ていたからといって、驚くことはないが、やはり現代人は、「瀬戸内海の海賊の頭領」について、現代人なりのイメージを描く。

　これは象徴的なことかもしれない。室町時代について、現代に生きるわたしたちは、自身の経験や知識、得た情報によって、各人がそれぞれのイメージをつくる。それはもちろんそれでよい。NHKの大河ドラマ『軍師官兵衛』もこの時代を描く。岡田准一扮する黒田官兵衛によって、官兵衛のイメージをつくり、竹中直人扮する豊臣秀吉によって、秀吉のイメージをつくる。それはそれでもちろんよい。しかし、もう少しだけ、ほんとうはどうだったのだろう、と思ってもよいかもしれない。そのためには、残されている文献や記録にあたるとよいだろう。文献の記事や記録だって、「ほんとうのこと」

が記されているとは限らない。そうしたことからすれば、過去のことがらに迫るのはなかなか難しい。しかし、残されている情報にあたることでしか手がかりは得られない。

旅する連歌師

例えば、戦国時代というと「乱世」というイメージがあるかもしれない。室町時代後期の連歌師に宗祇《そうぎ》がいる。連歌を大成した人物として知られている。現在『筑紫道記《つくしみちのき》』と呼ばれている宗祇の日記がある。連歌師の紀行の代表作として名高い。文明十二（一四八〇）年六月に、筑前の守護をしていた大内政弘の誘いを受けて周防国山口に下向した宗祇が、九月六日に山口を出発して九州に渡り、大宰府や博多などをまわり、十月十二日に再び山口に戻ってくるまでの三十六日間の紀行文である。大内政弘は和歌や連歌を好み、公家の三条西実隆《さねたか》とも交流があった。『新撰菟玖波集《つくばしゅう》』の後援者で、自身の作品も、「多々良政弘朝臣」の名で、付句六十五句、発句が十句入集している。『新撰菟玖波集』巻第十九は発句を収めているが、例えば、「花そ梅にほひはもるる木々もなし」、「ちるやうきしらぬは花のこゝろかな」といった発句がとられている。

さて、先の宗祇の日記、『筑紫道記』を読んでも、道中に危険に遭遇した記事はみられない。現在のような快適な旅でないことはいうまでもないが、といって、常に生命の危険にさらされているような旅にも思われない。この日記の最後には、「立ちいでし日より今日まで、三十六日にやなり侍らん。この間、遥かなる境を経るに、山川の道、難《かた》き所なきにあらず。しかれども、国、治まり、人の心のどかなればにや、（略）万《よろず》に心をのぶる旅になん侍る」と記されており、「山川の道」には難所があったが、「心をのぶる」ことができた旅であったことがわかる。

宗祇も、宗祇に連なる連歌師たちも、九州から東北まで、日本国中を旅してまわっていた。宗祇の弟子の宗長には、越後から草津、伊香保を経て箱根までの宗祇の最後の旅に随って、駿河の桃園に宗祇を葬って駿府に帰るまでの紀行文『宗祇終焉記』や、鞠子《まりこ》の草庵から白河の関を目指して日光まで行って、戦乱のために引き返して草津に寄り、鎌倉まで戻った紀行文『東路のつと』や『宗長手記』などがある。また、五山の禅僧である万里集九《ばんりしゅうく》（一四二八〜？）（＝漆桶万里《しっとうばんり》）の漢詩文による東国旅行記『梅花無尽蔵』もある。「梅花無尽蔵」は万里集九の美濃鵜《う》沼《ぬま》の庵室に付けられた名であるが、万里集九が影響を受けた南宋の陸游《りくゆう》の詩句「要識梅花無尽蔵、人人襟袖帯香帰」（識《し》るを要す、梅花、無尽蔵にして、人人、襟袖に香を帯びて帰るを＝梅の香りは尽きることがなく、人々の襟や袖に染み込み、匂いたつ）に由来するという。万里集九は、蘇東坡の詩の抄（＝注釈書）である「天下《てんか》白《はく》」と黄庭堅＝黄山谷の詩の抄である「帳中《ちょうちゅう》香《こう》」とをあらわしている。黄山谷の詩が室町時代によく読まれていたことは、後に採りあげる公家等の日記の記事からもわかる。「天下白」は笑雲清三《しょううんせいさん》が編んだ蘇東坡詩の四つの注釈書を併せた大部の抄物《しょうもの》、『四河入海《しがにっかい》』の中にも組み込まれている。

足で歩くのだから新幹線で移動する現代とは移動に必要な時間は異なる。しかし、思いの外、戦国時代は活動的、動的な時代であったといってもよい。いろいろな意味合いで、エネルギーが渦巻き、動きのある時代だったとみるのがよいのではないだろうか。

旅や日常生活に不安がないわけではもちろんない。原勝郎は『東山時代に於ける一縉《しん》紳《しん》の生活』（一九四一年、創元社刊）において、不安は全国均一に近く、その「均一」があったから「徳川時代の大統一」ができたという見解を示している。おもしろいみかたであると思う。

天正十（一五八二）年に、九州のキリシタン大名、大友宗麟、大村純忠、有馬晴信の名代として、伊東マンショ、千々石《ちぢわ》ミゲル、中浦ジュリアン、原マルチノの、「四人の少年」（Quattro Ragazzi ＝クアトロ・ラガッツィ）がローマに派遣されたことは「天正遣欧少年使節」としてよく知られている。日本史の教科書には必ず載せられているといってよいだろう。ことがら自体はよく知られているが、これがイエズス会の巡察使ヴァリニャーノの発案によるものであることはあまり知られていないのではないだろうか。ヴァリニャーノはこの使節に、欧州で印刷、出版の技術を学ばせようとした。豊島正之は「しかし、天正少年使節は、ワリニアーノの期待を遥かに超えて、プレス印刷器と共に初鋳造の漢字・仮名金属活字をも手にし、それによって史上初めて和紙に金属活字印刷した書籍を携えて、ワリニアーノの待つゴアへ帰って来たのである（一五八七年）。ワリニアーノは、帰国の途マカオでも資材を追加して印刷の研修を積ませ、実際に数冊の書籍を刊行させた後、天正少年使節と共に天正十八年（一五九〇）に日本に戻り、そこで本格的なキリシタン版出版を開始する」（豊島正之「序説―キリシタン版の書物史―」二〇一三年、八木書店『キリシタンと出版』七ページ）と述べている。

人の「動き」は人と人とを結びつけ、さらにさまざまなことがらを結びつけ、その「結びつき」がさらに新たなものをうみだしていく時代といってよいだろう。そうした意味合いにおいて、室町時代はさまざまな可能性を感じさせる魅力的な時代でもある。

本書では、サブタイトルにあるように今から五百年ほど前の日本語がどのような日本語であったかについて、できるだけわかりやすく、できるだけ多面的に述べてみたい。この原稿を書いている西暦二〇一四年の五百年前は一五一四年、和暦でいえば永正十一年にあたる。

そのほぼ二十年前の明応二（一四九三）年には、応仁の乱で東軍を率いた細川勝元の子、政元（一四六六～一五〇七）が、日野富子、伊勢貞宗らとともに、十代将軍に就任していた足利義材《よしき》（後の義稙《よしたね》）が河内に出陣した隙に、堀越公方足利政知《まさとも》の子である義澄を十一代将軍として擁立する「明応の政変」が起こっている。これは、重臣による将軍の追放であり、この「明応の政変」を室町幕府崩壊の象徴的な事件と位置づけることが少なくない。「明応の政変」をいわゆる「戦国時代」の始まりとみれば、関ヶ原の戦いに勝ち、徳川家康が征夷大将軍の宣下を受け、江戸に幕府を開いた慶長八（一六〇三）年を「戦国時代」のひとまずの終わりとみることができるだろう。一四九三年から一六〇三年までは、一一〇年あるが、およそこの百年間を、本書の扱う時期、「五百年前」ということにしたい。ただし、当然のことではあるが、必要に応じて、この「百年間」の前後数十年に言及することはあるということも一言お断りしておきたい。

織田信長が桶狭間の戦いで今川義元を破ったのが永禄三（一五六〇）年のことで、以後信長が勢力を拡大し、秀吉、家康の時代へと移行していく激動の時代といってよいだろう。そうした時代には、どのような日本語が話され、書かれ、読まれていたのか、それをできるだけ具体的なかたちで述べていきたい。

目次

第三章　宣教師の時代の日本語　125

戦国の日本語　五百年前の読む・書く・話す

序章

五百年前の日本語はどんな日本語か

武家・公家・禅林――「日本らしさ」のはじまり

戦国時代といえば、信長や秀吉といった武将＝「武家」の時代というイメージが強いかもしれない。しかし、「武家」だけで日本社会が形成されていたわけではもちろんない。足利義満は一三九七年に京都北山に金閣寺を建立する。金閣寺は三層に作られているが、初層は平安期寝殿造風の「法水院」、中層は書院造風の「潮音洞」、上層は禅宗仏殿風の「究竟頂《くつきようちよう》」と呼ばれ、異なる形式の調和が愛でられている。

北山を中心にして展開したのが「北山文化」であるが、「北山文化」は武家文化と公家文化とが融合した文化であったと表現されることがある。金閣寺の初層、寝殿造を、宮廷を中心とした貴族、公家文化の象徴、中層、書院造を武家文化の象徴ととらえると、金閣寺はまさしく「北山文化」を代表する建築物といってよいと考える。この時期に、能楽が大成し、水墨画が発達し始める。この「北山文化」に、禅宗の影響が加わり、華やかさがおさえられ、深みをもったのが「東山文化」であった。「東山文化」の時期には連歌、茶の湯、立花（生け花）もひろまっていく。

足利義満を中心とする、十五世紀前半の「北山文化」、足利義政を中心とする、十五世紀後半の「東山文化」、両者をあわせて「室町時代の文化」とみることができるが、室町時代、戦国時代は「武家」「公家」「禅林（僧侶）」の文化が「融合」しつつあった。「公家」と「禅林」とはおもに文化面を担っていたことになるが、この時代の「武家」はこれから述べていくように、非文化的な存在であったわけではない。そう考えると、「武家」を（いわば勝手に）非文化的なイメージにおいてとらえ、「公家」（や「禅林」と）対立的にみるのは、現代人の「心性」であるのかもしれない。この時代には、能楽、連歌、茶の湯、立花、さらには書道、歌道がさかんになり、現在「日本らしい」と感じる芸能、芸道が始まり、ひろがっていった時代でもあり、「日本らしさの始発」の時代であるといってもよい。

「禅林（僧侶）」とややひろがりをもった表現を使ったが、「禅林」は〈禅宗（の寺院）〉ということで、その「禅宗」はいうまでもなく、鎌倉時代に中国から日本に伝えられたものであり、臨済宗、曹洞宗、黄檗《おうばく》宗の三派がある。臨済宗は栄西が伝え、鎌倉五山、京都五山はすべて臨済宗の寺院である。曹洞宗は道元が伝えた。つまり、「禅林」は中国文化とふかく結びついている。「公家」を日本文化、すなわち「和」ととらえれば、「禅林」は中国文化、すなわち「漢」ということになり、室町時代あるいは室町文化を「和漢」というキーワードでとらえることもできる。

「武家・公家・禅林」の融合と、ことばで表現することはたやすいが、それをある程度具体的なイメージのもとにとらえ、理解するのは案外と難しい。これは例えば「グローバル化」という表現をよく耳にするが、では「グローバル化」ということが世界規模でイメージできるかといえば、今現在、地球のすみずみでどのような動きがあるのかということは、なかなかイメージできないということと似ているように思う。イメージできないとすれば、それは結局は抽象的な「謳い文句」にちかいものになってしまうのではないだろうか。

それと同じで、「武家・公家・禅林」の融合は局面の多様さ、規模の大きさなどもあって、なかなかきちんと理解しにくいが、今泉淑夫『東語西話』（一九九四年、吉川弘文館刊）は次のように述べている。

連歌における良基、猿楽における義満は前代までの蓄積を賭して新しい芸能という名の政治の発明につとめた。その間の緊張は人々の推測をこえているかも知れない。義堂は禅宗の儀式と詩文をひっさげてふたつの世界を往来し、それによって禅宗はより世俗化し、より深くふたつの社会に食い込んだ。その片鱗を日記が語っている。禅宗はこのようにして室町文化となったのである。（一九二頁）

良基は二条良基、猿楽は後の能楽である。義堂は義堂周信（一三二五〜一三八八）のことで、絶海中津《ちゅうしん》とともに五山文学の中心人物で、『空華日用工夫略集《くうげにちようくふうりやくしゅう》』（空華は義堂の別号）はその日記として知られる。右は本書が扱う時期の少し前の時期に関しての言説ということになるが、公家である二条良基、武家である足利義満、禅林の義堂周信、それぞれが自分の「外」の世界と往来することによって、融合がなしとげられていく、というイメージがわかりやすく述べられている。

古代語と近代語のあいだ

日本語の歴史を考えるにあたって、日本語を「古代語」と「近代語」とに二分してとらえることがある。「古代語」はおおむね平安時代まで、「近代語」は江戸時代から、とみることが多い。

読者のみなさんは、高等学校の古典の教科書で、「係り結び」について学習した方が多いだろう。係助詞「ゾ」「ナム」「ヤ」「カ」が文中にあれば「結び」は連体形、係助詞「コソ」が文中にあれば「結び」は已然形、と習ったと思う。現代日本語においては、助詞を「格助詞」「接続助詞」「副助詞」「終助詞」の四つに分けることが多い。つまり「係助詞」は現代日本語にはないことになる。古典日本語＝古語においては、助詞を「格助詞」「接続助詞」「副助詞」「係助詞」「終助詞」「間投助詞」の六つに分けることが多い。「係助詞」としては、「ゾ」「ナム」「ヤ」「カ」「コソ」の他に「ハ」と「モ」とも認めることが多い。これらのうち、「ナム」「ヤ」は現代日本語では使われていない。「ゾ」と「カ」とは文中ではなく、文末で使用され「終助詞」に分類され、「ハ」「モ」「コソ」は「副助詞」に分類されている。

高等学校では、おもに「古代語」の文法体系を「古典文法」として学習する。そして、現代日本語は「近代語」の「仲間」だ。だから、「古代語」の文法体系である「古典文法」と、「近代語」の文法体系である「現代語文法」とは体系そのものが異なる。したがって相違点が多い。「係り結び」が機能していたのは、「古代語」であり、「近代語」ではそれが機能していなかった。

係り結びが機能しなくなった時代

十七番目の勅撰集である『風雅和歌集』は一三四九年頃成立したと考えられている。その巻二に「何となき草の花さく野への春雲にひはりの声ものとけき」（一三三一番歌）という永福門院（一二七一～一三四二）の和歌が収められている。今ここでは吉田兼右《かねみぎ》（一五一六～一五七三）が永禄七（一五六四）年に書写して、現在は宮内庁書陵部に蔵されている本の翻字を示した。右に掲げた和歌の第四句第五句は「雲にひはりの声ものとけき」で、連体形を要求する係り助詞が使われていないのに、形容詞「ノドケシ」の連体形「ノドケキ」で和歌が終わっている。

こうしたことについては、本居宣長（一七三〇～一八〇一）も気づいており、係り結びについて論じた『詞《ことば》の玉緒《たまのお》』において「てにをは不調歌」（＝てにをはが整っていない歌）の例としてとりあげている。宣長は、「おほよそ上にぞ‖ の‖ や‖ 何‖ 等の辞なくして。き‖ とも しき‖ とも結びたる歌の。廿一代集の中に載れるは右の如し」と述べ、係り助詞がないのに、「結び」が連体形で終わっている和歌を二十一代集（『古今和歌集』から始まって、『新古今和歌集』までの勅撰和歌集の八代集に、『新勅撰和歌集』から『新続古今和歌集』までの勅撰和歌集、十三代集を加えたもの）から抜き出している。そしてその二十一代集の中でも特に、「玉葉風雅にのみおほ」いと述べており、『玉葉和歌集』『風雅和歌集』に「てにをは不調歌」が多くみられることを指摘している。

係り助詞「ゾ」「ナム」「ヤ」「カ」以外でも宣長が述べるように格助詞「ノ」や「ナニ」などの疑問をあらわす語がある場合には、いわゆる「結び」が連体形になることが知られているが、先の一三二番歌にはそうしたものがないにもかかわらず、「結び」が連体形となっている。宣長が「外にもあれど」と述べているように、次のような和歌も同様の例といえよう。

1　夕暮の霞のきはにとふ鳥のつはさも春の色にのとけき　（二十六番歌）
2　山桜よそにみるとてすかのねのなかき春日を立くらしつる　（一六三番歌）
3　すかのねのなかき日影を足引の山の桜にあかて暮ぬる　（一七三番歌）
4　花の上にさすや朝日の影はれてさえつる鳥の声ものとけき　（一九七番歌）
5　落そむる桐の一葉の声の中に秋のあはれをき丶はしめぬる　（四五〇番歌）
6　夕日うつる柳か末の秋風にそなたの雁の声もさひしき　（五四二番歌）
7　ま萩原夜ふかき月にみか丶れて置そふ露の数そかくれぬ　（六〇〇番歌）

8　有明の月と霜との色のうちにおほえず空もしらみ初ぬる|　（七八五番歌）
9　行末は猶いくへとも白雲のかさなる嶺に又むかひぬる|　（九一一番歌）
10　人しれぬ心のうちの思ひゆへつねはなかめの日比にもにぬ|　（九六六番歌）

1・4はやはり連体形「ノドケキ」で終わっている例にあたる。6は連体形「サビシキ」で終わっている。3・5・8・9は完了の助動詞「ヌ」の連体形「ヌル」で終わる例にあたる。このことには、終止形「ヌ」は一拍で、連体形「ヌル」は二拍ということがかかわっていると考える。10は打ち消しの助動詞「ズ」の連体形「ヌ」で終わる例。7は係り助詞「ゾ」があるのに終止形「ヌ」で終わっている。拍数にかかわるにしても、結局は連体形で終わる理由がないのに連体形で終わっている例であることはたしかで、つまり係り結びという呼応関係が乱れていることになる。右には和歌の例を挙げた。和歌の表現として、散文とは異なる評価を与えるということももちろん考えられるが、今はごく一般的にとらえておくことにする。こうした例は室町時代にはひろく観察できる。室町時代は係り結びが機能しなくなった時代であった。

言語は変化する——「中世語」の世界へ

どんな言語でも時間の経過とともに、必ず変化する。これは言語にとって宿命といってもよい。そして変化は変化しているさなかにはわからないことが多い。どのように変化していくかということは、変化が完了してから考えればわかり、説明することができる場合もあるが、「なぜそういう変化が起こったか」という問いに対する答えがみつけにくい場合もある。言語体系の不備を補うかたちで変化が起こる、という主張もあるが、いつもそうであるとは限らないと考える。そもそも、「言語体系の不備」とは何か、誰が判断した不備か、という問いだってあり得る。

さて、先に、「「古代語」はおおむね平安時代まで、「近代語」は江戸時代から、とみることが多い」と述べた。では、鎌倉時代、室町時代はどうなるのだろうと思われた方もいるだろう。日本語を「古代語／近代語」と二つに分けてとらえる場合は、過渡期として「中世語」の時代を設定すると変化がわかりやすい。鎌倉時代、室町時代はその「中世語」の時代ということになる。「中世語」を前期、後期に分けてとらえると、鎌倉時代が前期中世語、室町時代が後期中世語で、本書の扱う「戦国の日本語」がこの後期中世語にほぼあたる。前期中世語＝鎌倉時代語は、「古代語」が「近代語」に移行していく様相を示し、後期中世語＝室町時代語は、「古代語」らしさが消え、「近代語」らしさが確立しつつある様相を示す。先ほど述べたように、江戸時代以降が「近代語」の時代なので、現代日本語も、大枠としては「近代語」に入っている。ということは、「戦国の日本語」とは、現代日本語のスタート地点でもあることになる。

高等学校の古文では『源氏物語』は必ず教材として採りあげられている。初めて学習した時に、だいたいの方が難しいと思っただろう。一方、近松門左衛門や井原西鶴の作品は、いくらかわかりやすいと思われたのではないだろうか。これは『源氏物語』は「古代（日本）語」で書かれ、近松や西鶴の作品は「近代（日本）語」で書かれているからで、近松や西鶴の作品は、大枠としていえば、現代日本語と同じ日本語で書かれているからである。

違うたとえで説明してみよう。今ここに、紀貫之（八六六？～九四五？）と本居宣長とを連れてきたとする。現代人は、おそらく、本居宣長と話をすることは可能だろうが、紀貫之とはかなり話がしにくいと推測する。紀貫之と本居宣長とが直接話せるかということになれば、宣長は古代語を研究していたので、話せるのではないかと推測するが、はたして平安時代の話しことばが完全に理解できたかどうか。そこで、能の大成者としてよく知られている世阿弥（一三六三？～一四四三？）を「通訳」として連れてきたとする。理屈の上からは、中世語の時代に生きた世阿弥は、古代語についてはだいたい理解でき、これから移行していく「近代語」もある程度は理解できるはずで、紀貫之と本居宣長の「通訳」をすることができるはずだ。

変化の過渡期に中世語の時代を設定して、その中世語をよくよく観察することによって、古代語についても、近代語についても理解を深めることができ、そしてまた変化のプロセスについても多くの情報を得ることができると考える。中世語はそうした意味合いにおいて重要である。

日本の古典芸能にはいろいろなものがあるが、能・狂言、人形浄瑠璃（＝文楽）、歌舞伎は、多くのファンがいる古典芸能といってよいだろう。稿者の勤務している大学でも、この三つの古典芸能には学生を毎年引率していく。能・狂言は室町時代に成っているので、そこで使われる日本語は（原則として）室町時代の日本語である。文楽と歌舞伎とは江戸時代に成っているので、そこで使われる日本語は（原則として）江戸時代の日本語ということになる。

第一章

漢文で書かれていた公家の日記

現代ではあまり知られていないかもしれないが、室町時代に、後土御門天皇・後柏原天皇・後奈良天皇、三代の天皇に仕えた三条西実隆（一四五五〜一五三七）という公家がいた。文明十（一四七八）年頃には将軍足利義尚《よしひさ》からも信頼され、義尚が催行する歌合せに出席するようになった。第一章では、この三条西実隆に焦点を絞ってみたい。

この時代の公家社会は家格＝家の格式を重視する閉鎖的な門閥社会であったといってよい。室町時代の公家社会は実質的な政治からは離れていただけに、家格はよりいっそう重要であった。当時の家格は、大納言・右大臣・左大臣を経て摂政・関白、太政大臣に昇任できる五摂家《ごせっけ》、大臣・大将を兼ねて太政大臣になることのできる七清華家《せいがけ》、大臣家、羽林家《うりんけ》、名家《めいか》に分かれていた。三条西家は家格でいえば、大臣家にはいるもので、公家社会では「中の上」、つまりほどほどの家格ということになり、観察対象としてちょうどよい。

日記を残している公家は少なくない。関白太政大臣近衛政家（一四四四〜一五〇五）の『後法興院関白記《ごほうこういんかんぱくき》』や甘露寺親長《かんろじちかなが》（一四二四〜一五〇〇）の『親長卿記』、中院通秀《なかのいんみちひで》

（一四二八〜一四九四）の『十輪院内府記《じゅうりんいんないふき》』、山科言国《やましなときくに》（一四五二〜一五〇三）の『言国卿記』、山科言継《ときつぐ》（一五〇七〜一五七九）の『言継卿記』などがよく知られている。中でも、三条西実隆の日記である『実隆公記』は、記録期間が、実隆二十歳（数え年、以下同）の文明六（一四七四）年正月から死の前年、八十二歳の天文五（一五三六）年二月までの六十二年間の長期にわたり、欠落部分も少なく、記事も、政治から世相まで多岐にわたり、この時代の状況を窺う好史料として、よく知られている。

実隆は、文明十七（一四八五）年頃には、宗祇やその弟子の肖柏とも親しくなり、宗祇の『源氏物語』や『伊勢物語』に関する講義を聞くようになる（実隆公記文明十八年七月一日条）。明応頃になると、宮中や伏見宮邸で行なわれる歌会の点者となり、歌人として一流の地位を占めるようになる。それにともなって、全国から詠草の合点を請われたり、古典文学作品の書写も依頼されるようになっていく。そうしたことの謝礼は、戦国期に生きた公家の経済的な困窮を救う手段でもあったことが指摘されている。

和歌の実作も多く、当代一流の歌人といってよい。連歌は、文明十一（一四七九）年以後の禁中の連歌その他に加わっており、準勅撰である『新撰菟玖波集』の撰集にもかかわった。『伊勢物語直解』、『万葉一葉抄』などの注釈書も著し、『源氏物語』の注釈書である『弄花抄』を編み、それをもとに『細流抄』を著した。

そのような、いわば当代きっての文化人である三条西実隆が漢文で綴ったのが、『実隆公記』と呼ばれる日記である。その内容はきわめて興味深いが、内容をみる前に、漢文で日記を書くということについて考えておきたい。

漢文で日記を記すということ

娘五人を入内させ、三代の天皇の外戚となり、藤原氏全盛時代をつくりあげたことで知られる藤原道長（九六六〜一〇二八）の日記である『御堂関白記』は自筆原本が残されている最古の日記であるが、この日記も漢文で書かれている。また、鎌倉時代の歌人として有名な藤原定家が『明月記《めいげつき》』という日記を書いていたことは比較的よく知られているのではないだろうか。

この『明月記』も漢文で書かれていた。定家が政治から距離を置いて、和歌芸術に生きようという決意を述べた行《くだ》りとしてよく知られている「紅旗征戎わがことにあらず」は実際には「紅旗征戎非二吾事一」と記されている（返り点は補った）。この行りも実は白楽天（七七二〜八四六）の詩文を収めた『白氏文集』十七にみえる律詩「劉十九同宿」の冒頭の句、「紅旗破賊非吾事／黄紙除書無我名」（紅旗破賊吾事にあらず、黄紙除書に我名無し＝〈紅旗を掲げて王事につくし、賊を撃ち破るという武役はもはや私のつとめではない。それ故、詔を書いた黄紙の叙任の書には私の名は載せられていない〉）をもとにしたものであると推測されている。「劉十九」は劉家の十九番目の男子のことで、白楽天の仲間だと考えられている。「紅旗」は〈赤い旗〉で、王事＝天子、宮中を象徴するもの。

有名な行りが白楽天の詩を下敷きにしているということがわかって、「なんだ」と思われた方がいるかもしれない。しかし、これは今よく話題になる「パクリ」などではない。『集英社国語辞典』第三版（二〇一二年）で「にっき（日記）」を調べると「毎日の出来事やその感想、また、思索や感情の動きなどを書き留めておくもの」と説明されている。これが現代におけるごく一般的な理解だろう。しかし、「ニッキ（日記）」とはそもそも日々の記録なのであり、天候から始まって、その日の出来事を書きとめるということが主目的といってもよい。「感想」や「思索や感情の動き」を書くのは、日々の記録に付随してということだったはずだ。記録の中には、読書の記録も含まれる。だから、今読んでいる書物からの「抜き書き」のようなものがあってもよい。右の「紅旗征戎非吾事」は「抜き書き」そのものではないが、（具体的に「抜き書き」はされていないが）白楽天の詩を典拠にして、自らの考えを述べた記事ということになる。「ニッキ（日記）」ということ一つをとっても、現代人の「心性」と過去の人々の「心性」とは異なる面がある。

　五百年前の日本語や日本文化を知るということは、そのこと自体が意義あることと考えるが、五百年前を現代に「反照」させることによって、改めて現代がどういう時代なのかということを知るきっかけを得ることができるという点においても意義があると考える。

　そして室町時代に男性によって記された日記のほとんどすべてが漢文で書かれていたといってよい。つまり「漢文で日記を記す」ということは、平安時代においても、鎌倉時代においても、室町時代においても、特殊なことではなかった。それは、日記は先に述べたように「記録」であり、特に、儀式や政務の手続きや作法についての「記録」あるいは「マニュアル」という面をもっていたこととかかわると考える。「記録」や「マニュアル」はなにほどか「公性」をもっているであろうから、そうした「公性」をもつ文書は漢字で記す、つまり漢文で記すのが自然であったはずだ。日本語を「漢文で記す」ということについて、ここでもう少し考えておきたい。

日本語を中国語風に書く

日記は平安時代から漢文で書かれていたことを述べた。その「漢文」は古典中国語文とイコールではない。古典中国語文を基礎とするが、日本語の表現を交じえ、文法、語彙などが「日本的」である「漢文」で、「記録体」と呼ばれることもあったし、「変体漢文」「和化漢文」と呼ばれたりすることもある。どのように呼ぶのがふさわしいのかということについては、現在も議論されているので、以下では、これを単に鍵括弧付きの「漢文」と呼ぶことにする。「漢文」に対して、中国語として仕立てられている「古典中国語文」があるというみかたである。

「漢文」は小題にあるように、中国語風に書かれている日本語ということになる。日本において、「公性」は早くから中国語と結びつき、中国語を書く文字である漢字と結びついたと考える。したがって、言語情報を文字化して残すということを考えた時に、その「残す」ということと「公性」とがかかわっているのであれば、漢字で書き、中国語で書く、ということになる。仮名が使われるようになる十世紀初頭までは、文字として漢字を使うことはいわば「必然」であったが、文字化するということの多くが何らかのかたちで「公性」と結びついていたといってもよいと考える。

日本語を文字化する場合に、なにほどかにしても「公性」を帯びているのであれば、漢字を使い、「古典中国語文」あるいは「漢文」として書く。そうでなければ、仮名を使うという、二つの「道」がずっとあったと考えてよい。「古典中国語文」「漢文」が帯びていた「公性」は近代語の時代には「漢字片仮名交じり文」にも継承された。明治二十二（一八八九）年に公布された大日本帝国憲法は「漢字片仮名交じり」で記されているし、明治になって公布された法律の類はすべて「漢字片仮名交じり」で記されている。昭和二十一（一九四六）年に公布された日本国憲法が「漢字平仮名交じり」で記されているのは、そういう意味合いでは、興味深い。「漢字片仮名交じり」の表記体が帯びていた「公性」がこの時点では相当に稀薄になっていたからであろう。それはそれとして、「日本語を中国語風に書く」ということと、「公性」とが結びつくことが多い、ということを意識しながら、本書を読み進めていただければと思う。

古典文学作品の書写と読書の日々

実隆は特に、後土御門天皇、後柏原天皇の信任があつかったために、当時の朝廷や幕府を中心とした政治的なことがらも『実隆公記』に記されている。また応仁の乱後の荒廃した京都の様子や不安定な世相などについても記されている。しかし、本書においては、五百年前の日本語、日本文化に焦点を絞っているので、ここでも幾つかの点について『実隆公記』をみていきたい。先にも少しふれたように、日記を読むと、実隆がいろいろな書物を読み、かついろいろな古典文学作品を書写していることがわかる。そうした記事を具体的に挙げてみよう。一つ一つの記事の読み下しをあげていくと煩雑になるので、ここでは、書名、古典文学作品名に傍線を附しておいた。「ああ、中世の公家はこんな書物を読みこんな古典文学作品を書写していたのだな」ということを理解していただければと思う。

1　今日古今集校合終功了（文明六年八月十八日）
2　兼好法師津礼々々草一覧了（文明六年九月二十一日）
3　自武家続後拾遺可書進□由被示之（文明六年十一月三日）□にはおそらく「之」が入る。
4　晴、今日覧初音巻《光源氏物語》（文明七年正月二日）
5　殷富門院大輔集始書写之（文明七年八月二十七日）
6　終日樗散和歌集書写（文明七年十月四日）
7　宇治拾遺物語可読申之由也（文明七年十一月十四日）

8　於竹園平家物語読之了（文明七年十一月二十日）

9　自禁裏仮名文字遣可令書写進上之由被仰下、畏入之由令言上了（文明九年閏正月五日）

10　仮名遣御本今日立筆（文明九年閏正月六日）

11　終日仮名文字遣書写之外無事（文明九年閏正月九日）

12　自今日当番也、早旦著束帯参内、滋野井同道、仮名遣御本進上之（文明九年閏正月二十八日）

13　陰、行水、伊勢物語《竹園御本》今日終写功了（文明九年九月二十四日）

14　於御前河海抄二帖、相違之所々直付之（文明十三年正月四日）

15　天顔快晴、梳髪、小浴、今日当番也、無所役之間及晩参内、入夜於御前狭衣物語第一、為校合読申之（文明十三年正月二十四日）

16　雨降、室町殿御双紙保元物語今日立筆（文明十三年四月二十日）

17　午後参内、為雅行卿番代祗候、栄花物語第七はつ花、校合（文明十五年八月二十一日）

18　晴、太平記第十二終書功、宗祇法師来、万葉集十四冊［自一至六／缺］可送給由約之、及晩則送之、古本美麗物也、重宝自愛々々（文明十七年十一月十六日）

19　自室町殿色葉字類抄上下銘可書進上之由也、上巻真、下巻行書之、依仰也（文明十九年三月二十九日）

20　定家卿自筆仮名遣奥書同書遣之（享禄元年閏九月二十八日）

ごく一部を右に掲げた。『古今和歌集』は「古今集校合今日終功」（文明十五年三月十二日）、「姉小路相公入来、古今集新写之本持来之、序校合了」（文明十七年四月一日）、「今日《愚本》古今集立筆」（文明十八年十一月二十一日）、「古今集愚本、校合、羽林読合了」（文明十八年十一月二十九日）、「古今集［相公羽林所望本也］立筆」（明応三年正月十七日）のように、自身で書写をし、それを他本と校合《きょうごう》するということを繰り返している。校合とは、写本などの「本文」を他の写本の「本文」と照らし合わせて、異同を確かめることをいう。姉小路相公すなわち姉小路基綱（一四四一～一五〇四）が「古今集新写之本」を持参した時は、おそらく実隆所持の一本によって、序の校合を行なっている。

3には二十一代集の十六番目にあたる『続後拾遺和歌集』（一三二六年頃成立）の名前がみられるが、前ページに掲げた以外にも、五番目の勅撰集である『金葉和歌集』（文明十年三月二十五日）、六番目の勅撰集である『詞花和歌集』、二番目の勅撰集である『後撰和歌集』（文明十年三月二十一日）、四番目の勅撰集である『後拾遺和歌集』（文明十一年三月十一日）の名前もみられ、こうした勅撰集の書写も行なっていたことがわかる。「晴、招経師令閉古今、拾遺等」（文明九年八月二十三日）という記事からは「経師」を招いて『古今和歌集』や『拾遺和歌集』の写本を製本させていることが窺われる。文明十八年七月六日の記事には、「為広卿千載集本□借請之」とあって、冷泉為広（一四五〇～一五二六）が書写した『千載和歌集』を借りてきていることがわかる。文明十七年二月十六日の記事には「今日為新古今集校合姉小路来」とあるので、姉小路基綱が『新古今和歌集』をもってきたので、その校合を行なったのであろう。当然、実隆のもとには、信頼できる『新古今和歌集』テキストがあったことになる。九番目の勅撰集である『新勅撰和歌集』から二十一番目の勅撰集である『新続古今和歌集』まで、『実隆公記』に名前が記されていない勅撰集はない。つまり何らかのかたちで実隆は、二十一代集にふれていたことがわかる。

4では「初音巻」とある。実隆は自身の著した『源氏物語』の注釈書である『弄花抄』に基づいてさらに『細流抄』を著している。したがって、『源氏物語』についての関心は特に深かったことが推測される。14にみえる『河海抄《かかいしょう》』は四辻善成《よつつじのよしなり》の著した『源氏物語』の注釈書で、貞治《じょうじ》（一三六二～一三六八）の終り頃に成ったと推測されている。『実隆公記』には、『源氏物語』五十四帖の名前がすべてみられる。『源氏物語』五十四帖の最後の十帖を「宇治十帖」と呼ぶことがある。『日本国語大辞典』第二版には「うじじゅうじょう（宇治十帖）」という見出し項目があるが、そこには使用例が示されていない。この「宇治十帖」という表現が、延徳三（一四九一）年九月二十三日の記事にみえているので、延徳三年にはすでにそのように呼ばれていることがわかる。

2には『徒然草』の名前がみえている。現在は「徒然草」と書くことが多いが、和語

「ツレヅレ」に、「トゼン」という漢語に遣う漢字列「徒然」をあてるのは、それほど一般的なこととはいいにくい。したがって、「津礼々」のように、いわば「万葉仮名表記」することもあっただろう。

5の「殷富門院大輔集《いんぷもんいんのたいふ》」は平安末期の歌人である殷富門院大輔の家集。また6の「樗散和歌集」は現在には伝えられていない散逸和歌集と思われる。7の『宇治拾遺物語』、8の『平家物語』、13の『伊勢物語』、15の『狭衣物語』、16の『保元物語』、17の『栄花物語』、18の『太平記』、『万葉集』などはいずれもよく知られた古典文学作品といってよい。実隆はこれらの文学作品を読み、場合によっては自ら書写し、校合している。

受け継がれていく古典文学作品

例えば『宇治拾遺物語』に関していえば、現在残されているテキストはいずれも近世初期以降に書写されたものであって、7で実隆が読んだテキストではない。実隆が読んだテキストは、おそらく現在に至るまでの間に何らかの事情によって失われてしまったものと思われる。この五百年間に失われたものは、有形、無形少なくないだろう。

藤原定家がいなかったら多くの古典文学作品は後世に伝わらなかったといわれる。そのとおりであるが、定家が後世に伝えようとした古典文学作品を受け継いだのが、室町時代の三条西実隆のような古典学者であったことは意外に知られていないかもしれない。そして江戸時代には、禁裏を中心にして古典文学作品の書写が行なわれていた。それぞれの時代のそうした営為によって、古典文学作品が現代まで伝えられてきているということを知っておく必要がある。それぞれの時代に、後の時代に古典文学作品を伝えようとする「意志」があった。そうした強い「意志」によって、過去に書かれた文学作品が現代まで伝えられたといってもよい。そこで現代を考えた場合、果たして、百年後、二百年後、千年後に、現在まで伝えられてきた文学作品を残し伝えることができるのだろうか。少し楽観的な見通しかもしれないが、おそらく「モノ」としての文学作品＝テキストは伝えることができるだろう。しかし、適正な理解とともに「内容」を伝えることはできるだろうか。あるいはその文学作品に対する尊崇の念は百年後にもあるだろうか。『実隆公記』に記されている『宇治拾遺物語』『平家物語』『徒然草』などの古典文学作品は高等学校でも学習する。その学習は百年後、二百年後にも続いているだろうか。漢文に充分な学習時間を割かない高等学校はすでにある。そのうちに、古文も同じようにならないのだろうか。英語を学習する時間を増やすために、古文の時間は減らすということはないのだろうか。いろいろなことが気になる。現在だって、『平家物語』の全巻を学習するわけではない。『平家物語』全巻を読んだことのある日本人、『宇治拾遺物語』すべてを読んだことのある日本人があまり多くないだろうことは予想できる。百年後、二百年後はどうなっているのだろうか。

どのような仮名遣いで書き記すか

さて9の「仮名文字遣」は行阿《ぎょうあ》（一二九二？～？）という人物が編んだ仮名遣書である。過去に書かれた古典文学作品を書写していく過程では、どのような仮名遣いで書き記すのがよいのかということに意識的になっていったと思われる。『仮名文字遣』はそうした場合のよりどころの一つであっただろう。11の記事からすると三条西実隆は『仮名文字遣』を書写していると思われるが、現在実隆が書写した『仮名文字遣』は残っていない。10、12の記事は、実隆が、行阿『仮名文字遣』ではない仮名遣書を献上するために書いたことを窺わせる。実際にそうであるかどうかはやや疑わしいが、実隆が著したとされる仮名遣書は存在している。三条西実隆は逍遙院（内大臣）と呼ばれることもあり、法号は堯空である。『つゝらおりかなつかひ（九折仮名遣）』と題された仮名遣書があるが、この仮名遣書は「逍遙院」が編んだとされている。

後に示す**図1**は江戸時代、享和三（一八〇三）年に出版された『九折仮名遣』であるが、序に「逍遙院内府公のしるしをかれし書」とある。

19の『色葉字類抄』は三巻仕立てのテキストが十二世紀半ば頃に成立したとされる辞書である。19の記事からすれば、将軍家から書名を記すように依頼され、上巻の書名は「真」すなわち楷書で、下巻の書名は「行書」で書いたことがわかる。実隆は『色葉字類抄』そのものをみたのだろうか。そして、20の記事は、さらに興味深い。藤原定家自

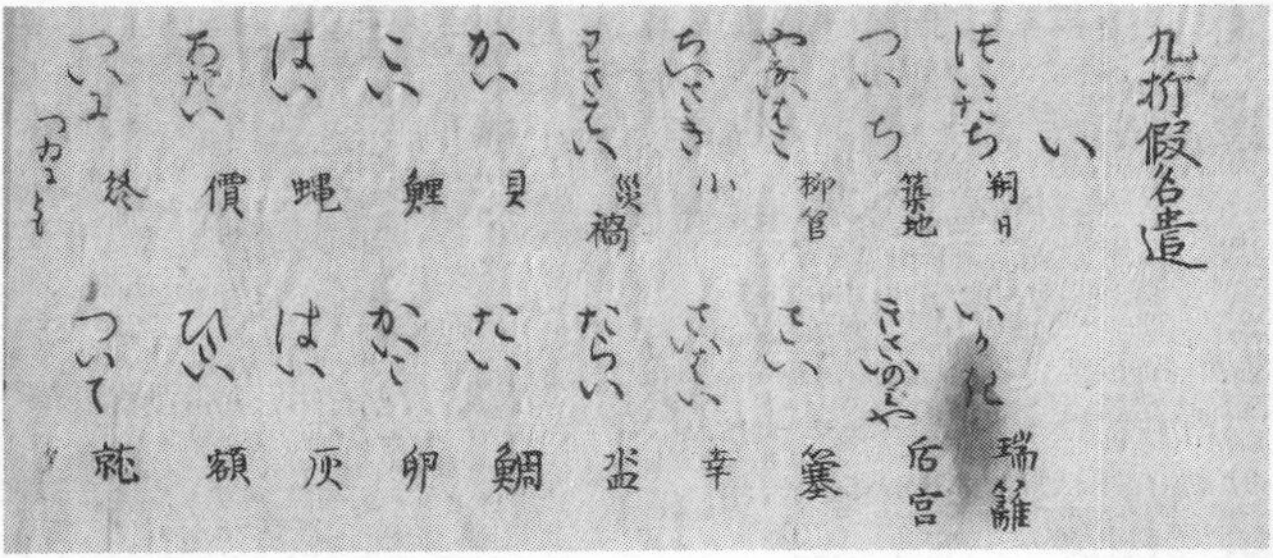

図1　享和３年刊『九折仮名遣』

筆の「仮名遣」とはどのようなテキストを指しているのだろうか。「下官集」と考えたくもなるが、そうだとすると、実隆の時代に「下官集」を仮名遣書とみなしていたことになる。『実隆公記』の記事は、さまざまに想像を刺激する。

右では、三条西実隆の古典書写について具体的に述べてきたが、そうした書写をしていたのは、実隆のみではなかった。

石田実洋「甘露寺親長書写本・所持本一覧（稿）—甘露寺親長の書写活動と禁裏文庫—」（二〇〇二年度〜二〇〇五年度　科学研究費補助金（基盤研究（A））研究成果報告書『禁裏・宮家・公家文庫収蔵古典籍のデジタル化による目録学的研究』所収）には、実隆とも親交のあった甘露寺親長の古典籍書写についての詳しい調査結果が記されている。石田実洋によれば、それは「応仁・文明の乱により甚大な被害をうけた禁裏文庫の復興」のための書写であり、「東山文庫や高松宮家伝来禁裏本等に現存する記録・典籍類には、親長書写本そのもの、あるいは親長書写本・所持本から派生したものがかなり見出せること」を指摘している。

親長は洞院公賢《とういんきんかた》（一二九一～一三六〇）の日記である『園太暦《えんたいりやく》』を書写したことで知られるが、親長は『源氏物語』も書写している。例えば、寛正四（一四六三）年を採りあげれば、六月に「柏木」「横笛」を書写し、八月十三日から十八日の間に「御法」、八月三十日から九月二日の間に「匂（兵部卿）宮」を、九月二日から十日の間には「竹河」を書写している。そして、これらの写本はすべて国立歴史民俗博物館に所蔵されている。

和歌の会、連歌の会

『実隆公記』を読んでいくと、実隆がかなりの頻度で、宮中の和歌の会や連歌の会に召されていることがわかる。『実隆公記』にみられる連歌関連の記事を少しあげてみよう。

1　天顔快晴、今日月次御連歌也、巳下刻著直衣参内、若宮御方、伏見殿［衣冠御袍／文雲立湧］権帥、勧修寺大納言、四辻大納言、按□、勘解由小路前中納言、勧修寺中納言、民部卿、下官、重治朝臣［執筆］等也（文明十一年四月二十五日）

2　雨降、三体講尺聴聞之、江韻連句二十句有之、及黄昏退出（文明十一年六月二日）

3　今日彼御連歌懐紙令清書進上了（文明十一年六月八日）

4　及晩有御和漢、権帥、中院前大納言、下官、姉小路三位、元修蔵主、源富仲等祗候、執筆基綱卿、御発句、名にたかき月とこよひを名残哉　入韻依別勅基綱卿申之、禁庭露漸寒　百句及暁更事了（文明十一年九月十三日）

5　天顔快晴、早旦行水、参内、今日内侍所御法楽千首続哥在之（文明十五年二月十九日）

6　晴、当番也、朝飡之後参内、今日月次聯句御会也（文明十五年十一月十日）

7　晴、於都護亭為源氏物語供養有和哥会、各以巻名為題、分四季者也（中略）及黄昏帰宅、邂逅佳会、珍重々々（文明十八年二月十九日）

8　晴、参内、今日御会《和漢》也参仕人々、近衛前関白　左大臣　右大臣　前内大臣　徳大寺《頭役》前内大臣　帥　勧修寺大納言　海住山大納言　按察　中御門中納言　日野中納言　下官　姉小路宰相　侍従宰相［執筆］中山宰相中将等（文明十八年十一月七日）

和歌や連歌をつくり、漢詩をつくる日々であったということは、この時代の言語生活にはそうした営為が含まれていたということである。そして、この時代の「書きことば」には和歌や連歌をつくるための「書きことば」が含まれており、漢詩をつくるための「書きことば」も含まれていたことになる。漢詩をつくるための「書きことば」は日本語ではなく中国語であることになるが、中国語を（ある程度にしても）操ることが言語生活の中に含まれていたということには注目しておいてよい。中国語を操るにあたっては、日本語の支えが必要であろうから、日本語の「書きことば」は相当なひろがりをもっていたと思われる。これは現代の「書きことば」のありかたとは異なると考える。

　さて、「御連歌」のように「御」が附されている場合は、宮中での会で、おそらく天皇が加わっていると思われる。例えば8にはその連歌の会に「参仕人々」（参加した人々）の名前が挙げられているが、「近衛前関白」は近衛政家、「左大臣」は西園寺実遠《さねとお》（一四三四～一四九五）、「右大臣」は大炊御門《おおいのみかど》信量《のぶかず》（一四四二～一四八七）、「前内大臣」は中院通秀《みちひで》、「徳大寺前内大臣」は徳大寺実淳《さねあつ》（一四四五～一五三三）、「勧修寺大納言」は勧修寺《かじゅうじ》教秀《のりひで》（一四二六～一四九六）、「海住山大納言」は海住山《うずやま》高清（?～一四八八）、「按察」は甘露寺親長、「中御門中納言」は中御門宣胤《のぶたね》（一四四二～一五二五）、「日野中納言」は町広光（一四四四～一五〇四）、「姉小路宰相」は姉小路基綱である。当時の最上層の貴顕といってよい。

「勧修寺大納言」は勧修寺家第七代当主教秀で、実隆は、この教秀の娘を妻としている。「中御門中納言」は中御門宣胤で、甘露寺親長の娘を娶っている。「中山宰相中将」は中山宣親（一四五八～一五一七）。このほか、「江南院」なる人物がしばしば他の記事にみられる。「江南院」は、甘露寺親長の子である甘露寺氏長＝万里小路《までのこうじ》春房（一四四九～?）のこと。江南院龍霄《りゅうしょう》については、今泉淑夫『東語西話』が詳しく述べている。

今ここでは、具体的なつながりについて述べることは省くが、『東語西話』において、今泉淑夫は「甘露寺・勧修寺・三条西を中心にみれば、この三家は女子の縁組を介して近衛・九条・一条・広橋・中御門・飛鳥井・高倉・四条・正親町《おおぎまち》・吉田と近いあるいは遠い親戚関係にあった」（六ページ）と述べる。この中で、近衛、九条、一条は大納言、右大臣、左大臣を経て、摂政、関白、太政大臣に昇任できる五摂家＝摂関家である。実隆はこの江南院龍霄の死去を知らされた永正六（一五〇九）年九月十一日の日記に「江南院龍霄逝去云々、六十一歳也、親昵殊多年之知己、可憐々々」と記して、その死をふかく悼んでいる。

1には「月次御連歌」とあるので、宮中では毎月定例で連歌が行なわれていたことがわかる。連歌師の牡丹花《ぼたんか》肖柏は中院通秀の異母弟にあたる。肖柏の名も、「雨降及晩霽、午後肖柏来話」（長享元年十一月十九日）、「晴、肖柏、玄清等来、源氏物語系図事談合之」（同二十四日）のように『実隆公記』にしばしばみられる。

6には「月次聯句」とあって、五言の詩句を連ねていく「聯句《レング》」も月次《つきなみ》で行なわれていたことがわかる。明応九（一五〇〇）年に行なわれた『湯山《とうざん》千句』はよく知られているが、鎌倉時代後期から江戸時代初期にかけて、五山禅林において盛んに行なわれた。五山の禅僧と、公家歌人や連歌師との交流の中で、漢句に和句をまじえる「和漢聯句」という新たな形式がうみだされ、和句を発句とするものを「和漢（聯句）」、漢句を発句とするものを「漢和（聯句）」と呼ぶようになり、次第に、漢句だけではなく、和句にも韻をふむようになっていった。4にみられる「（御）和漢」は「和漢聯句」のことを指している。連歌以外にも、「聯句（連句）」や「和漢聯句」が盛んに行なわれていたことがわかる。こうした会において実際に詠まれた句が書きとめられている場合もある。3にあるように、実隆は、宮中の連歌の会の懐紙の清書を命じられることもある。清書をしながら、実隆は当日見逃されていた「差し合い」(=規程違反)がないかどうかも確認していたことと推測される。

1にみえる「天顔」は〈天気〉のこと。2の「三体講尺聴聞之」は『三体詩』の講釈を「聴聞」していたということである。「釈」を「尺」と書くのは、偏を省略して書いているわけで、「抄物書《しょうもつがき》」と呼ばれた。「菩薩」を草冠だけ並べて「艹艹」のように書いたり、「醍醐」の旁《つく》りを省略して「酉酉」と書いたりした例があることが知られている。「省文(しょうぶん/せいぶん)」と呼ばれることもある。

『三体詩』は宋の周弼《しゅうひつ》の編んだ漢詩集で、唐代の詩人一六七人の詩、四九四首を大きく「七言絶句」「七言律詩」「五言律詩」の三体に分け、それぞれをさらに幾つかの「格」に分類して収める。南北朝時代の元弘二(一三三二)年頃に日本に伝えられたと推測されているが、京都五山を中心にしてひろまったことが指摘されている。

こうした漢詩の解釈を聴聞し、理解することが「聯句」や「和漢聯句」には必要であったと思われ、実作をしながら解釈を学んでいたようすが窺われる。文明十五(一四八三)年九月十五日の条には「午後蘭坡参上、山谷詩講尺第十三巻也、聴聞有其感」とあって、しばしば名前がみられる臨済宗の僧侶、蘭坡《らんぱ》景茝《けいし》(一四一七〜一五〇一、別号雪樵)による黄庭堅(黄山谷)の詩の講釈を聞いていることがわかる。蘭坡景茝が、禅林、公家両社会において名声を博していたことがこれまでに指摘されている。将軍義政にも認められていたことが『蔭涼軒日録《いんりようけんにちろく》』延徳二（一四九〇）年四月十五日の記事などからわかっている。後土御門天皇にも用いられ、後柏原帝から禅師号がくだされている。禁中では、『三体詩』と『黄山谷詩』をおもに講釈していたことが『御湯殿上日記《おゆどののうえのにつき》』（文明十年十二月三日の記事）や『実隆公記』（文明十一年三月二十一日の記事等）からわかる。

『御湯殿上日記』は禁中の御湯殿の上の間で天子に近侍する女官の当番日記で、文明九（一四七七）年から寛永二（一六二五）年まで、途中に欠失を含んで現存している。文明十年十二月三日には「せんせゐたうに三てい詩よませらる丶。おとこたちしこうにて。ちやうもんあり。みすのうちにて御所〳〵御き丶あり。はて丶のち御たいめんあり」と記されている。『三体詩』は「サンテイシ」と発音されていたこともわかる。また文明十一年十一月二十三日の記事には「けふより三こくのたむき。らんは申さる丶」とあって、「三こく」＝山谷の「たむき」＝談義を「らんは」＝蘭坡が行なっていることがはっきりと記されている。文明十三年二月十二日には「さんこくの御たんきらんは申さる」とあり、また延徳二年十月七日の記事にも「らんはの御たんきけふまて申さる丶。きんらんすへてつかはさる丶」とあって、ここでも「蘭坡」の名前が記されている。蘭坡が和漢聯句にも参加していたことが『御湯殿上日記』から窺われる。文明十二年十一月十八日には「御わかん御さたあり。らんはちらとまいらる丶」、同三十日には「御わかん御さたあり。らんはもしこう」とある。

5には「千首続哥」とある。これは連歌のことを指す「ツギウタ」ではなく、歌題を隠した短冊を歌人の力量に応じてとらせる探題《さくりだい》の方法で、当座＝その場で歌作をする歌会のことと思われ、それが全体で千首に及ぶ大規模なものであることがわかる。このようなことも行なわれていた。

7には『源氏物語』供養のための和歌の会が開かれたことが記されている。記事からは、巻名を題として、四季を分けて和歌を作ったことが窺われる。この会は、甘露寺親長の発議によるものであることがわかっている。親長の日記である『親長卿記』には次のようにある。

晴、今日予書写源氏物語［先年寛正之比一本書写、乱中紛失、今度又一筆書出了］為供養、和哥張行、源氏名五十五首［加雲隠］、分四季戀雑［源氏名分四季戀雑事、無先規云々］探之、申出御製親王御方勾当哥等、邂逅之事之間申入、勅許、

来臨人々、

左府（西園寺）、前内府（中院）、飛鳥井大納言入道［栄雅］、勧修寺大納言、中御門中納言、侍従中納言、姉小路宰相、右衛門督、中山宰相中将等也、江南院、元長朝臣、予等相加、十二人也、事終有披講、読師中院前内府、講師元長朝臣也、今日羞朝飯了、日中有点心

この記事からすれば、親長は、寛正（一四六〇〜一四六六）頃に『源氏物語』を写していた。「乱中紛失」の「乱」は一四六七年から始まった「応仁の乱」であろう。やはり、こうした戦乱によって、文学作品のテキストが失われることがあったことがわかる。自ら写した『源氏物語』を失ってしまったので、また「一筆」すなわち全巻を一人で写した。書写が終わったので、その供養のために、『源氏物語』の巻名を題とする和歌を作るという会を十二人で催した。中に「前内府」とあり、「中院」と傍書されているが、これは中院通秀のことで、十輪院内府とも称した中院通秀の日記『十輪院内府記』にも、この日のことが記されている。そこには「於按察卿第有歌会、一筆書写之源氏供養之志云々、以目六為題、賦春秋戀雑等、桐壺即春也」などと、先の『親長卿記』と同様のことが記されている。「目六」は「モクロク（目録）」で、『源氏物語』の巻名をこのように呼ぶことがあったこともわかる。『十輪院内府記』には「先有朝飯、後又有三献、披講了即分散、千載之一遇也、数奇之至、誰人有此志哉、可感嘆也」ともあって、中院通秀もこの会について非常に感激していることがわかる。

また『御湯殿上日記』には「こよひ大雨ふる。（略）かんろしけんしかきたてられてしうちやくとて。くやうにもく六のたゐにて人すあまたにてちやうきやう」とある。「かんろし」は甘露寺親長のことで、『源氏物語』を一筆書写したことが「しうちやく（祝着）」と記されている。ここでもその「くやう（供養）」に「もく六（目録）のたゐ（題）」すなわち『源氏物語』の巻名を歌題としてたくさんの「人す（人数）」で「ちやうきやう（張行）」したとある。

現代において、『源氏物語』全巻を写す、ということはほとんどないだろう。写すためには、書写原本を読めなければならない。こうしたことも、現代の言語生活とは著しく異なることになる。

8は宮中の月次和漢聯句の会で、この日の発句は徳大寺実淳の「冬さむき柳の雪や糸桜」で、脇（＝第二句）が日野中納言（町広光）の「経霜松尚高」（霜を経て松、尚高し）であったことが『実隆公記』には書き留められている。

現代を考えてみよう。和歌をつくることはなんとかできるだろう。連歌は、さまざまな規則があって、それを学ばなければつくれないが、今そうした規則については考えないことにすれば、和歌の「五七五七七」を「五七五」（長句）と「七七」（短句）とに分けて、それぞれを（原則として）別の人物がつくるとだけ考えれば、これもまがりなりにしても、できないことはない。しかし、漢詩はどうだろうか。漢詩の場合は、韻をふみ、平仄《ひょうそく》を整えなければ漢詩とはいえないので、それをするとすれば、漢詩をつくれる現代人は、相当に少ないことが容易に推測できる。となると、「聯句」はもちろんのこと、「漢和聯句」も「和漢聯句」もできないことになる。漢詩を理解し、漢詩をつくるという「局面」においては、現代人と五百年前の実隆たちとは、ずいぶんと隔たりがある。もっとも、五百年前の日本人の誰もがこうしたことができたわけではないので、それほど変わらないとみることもできなくはないかもしれない。しかし、それでも、やはり隔たりがありそうだ。

宗祇から古今伝授を受ける

「古今伝授」とは歌道伝授の一つで、『古今和歌集』を講釈し、その主要な部分の注解を切紙として示し、これに古注などを加えて伝授するもので、十五世紀後半になると、堯恵《ぎようえ》の二条堯恵流と、東常縁《とうのつねより》から伝えられた宗祇の二条宗祇流の二つの流れがうまれていた。二条宗祇流は、宗祇から近衛尚通、三条西実隆、牡丹花肖柏などに伝えられた。実澄三条西実隆に伝えられた三条西家伝授は、実隆から公條《きんえだ》、実澄と伝えられていく。実澄(実枝《さねき》)は細川幽斎に伝授する。

『実隆公記』の文亀元(一五〇一)年九月十五日の条には「晴、今夜月蝕也、皆虧正現出、及亥下刻復末、亥清来、宗祇法師古今集聞書切紙以下相伝之儀悉納函付封今日到来、自愛誠以道之冥加也、尤所深秘也」とあり、この九月十五日、月蝕の日に、宗祇からの「古今伝授」が完結したことが窺われる。

「清談」を理想とする一方で「沈酔・乱酔」する公家

『実隆公記』を読んでいると、「セイダン(清談)」という語と「チンスイ(沈酔)」「ランスイ(乱酔)」という語がよく記されているようにみえる。例えば文明六年正月三日の条には「入夜有召参御前、清談換刻、深更退出」とあり、文明十五年十一月三日の条には「暫清談、及昏帰宅」、文明十八年十一月二十九日の条には「町黄門入来、勧一盞、清談有餘興」と記されている。「セイダン（清談）」はそもそもは、中国の魏晋南北朝時代に流行した、老荘に関わる議論をいうものであったが、風雅な話や学問についての話をもいうようになった。実隆が「清談」と記した場で、実際にどのような会話が交わされていたかはわからないとしかいいようがないが、しかし、「清談」という表現を使うということは、それを理想としていたと考えることはできよう。そこでは、言語による「情報」のやりとりが行なわれていたと考える。「話しことば」が重さをもっていたといえばよいだろうか。こうした「局面」にも現代との隔たりがあるように思われる。

その一方で、「於入道左府亭傾数盃、頗及沈酔」（文明十三年正月八日）、「及鶏鳴退出、沈酔過法者也」（文明十三年正月十七日）、「仍於御前十度飲等有其興、源大納言、権中納言、滋野井、民部卿、四辻宰□中将等祗候、頗及乱酔退出」（文明十五年正月二十一日）（□には「相」が入ると思われる）、「及晩招引勧□□亜相、勧一盞、其後又盃酌、頗及乱酔」（文明十八年十二月十二日）（□□には「修寺」が入ると思われる）という記事が頻繁といってよいくらいみえ、実隆たちは「沈酔」し「乱酔」していたこともわかる。

戦乱の時代だからこそ、文化的な営みの重要性はたかく、しかし、戦乱の時代の緊張感や不安定さは、社会を覆っていた。例えば文明十一年六月十一日の条には、「一昨夜白犬自番屋之上昇愚亭雑舎上之由今日伝聞之間、相尋在盛卿處、犬上屋者人口死亡事、李淳風説分明、占文又同前也」という記事がみえる。一昨夜「番屋」の上から実隆の

「雑舎」の上に「白犬」が昇っていたということを「伝聞」し、勘解由小路在盛《かでのこうじありもり》に尋ねあわせたところ、犬が昇った屋では人が死亡するという、唐初の天文学者である李淳風《りじゆんぷう》の説があり、占いでもそのようだという。こうした、いわば「怪異現象」の記事もところどころにみえる。「清談」を求め、不安にも脅かされながら、力強く生きる、ということ、きれいにまとめすぎているかもしれないが、そうした外に向かっていく強いエネルギーのようなものが日記から感じられる。時代がもっていたエネルギーとでもいえばよいだろうか。そういう面も見逃さずにいきたいと思う。

囲碁・将棋に賭けをする

長享元（一四八七）年閏十一月二十一日の条には「晴、梳髪、小浴、基春朝臣来、伊勢物語愚見抄校合［十段沙汰之］勧一盞、囲碁、新勅撰集為懸物、予勝、自愛々々」とある。持明院基春（一四五三〜一五三五）が来て『伊勢物語愚見抄』の校合をした後に、酒となり、こともあろうに、『新勅撰和歌集』を「懸物」として「囲碁＝囲碁」をし、実隆が勝ったことがわかる。『伊勢物語愚見抄』は一条兼良（一四〇二〜一四八一）が著わした注釈書で、長禄四（一四六〇）年に初稿本が成立したと目されている。そうだとすれば、成立から二十七年ほどしかたっていないテキストを実隆は書写していたことになる。そして、やはり興味深いのは、『新勅撰和歌集』を賭けて囲碁をしていることだ。文明八年三月二十三日の記事には「晴、新勅撰集上、一反終写功令進上之」とあって、おそらく天皇の求めによって、『新勅撰和歌集』を書写しているものと思われる。同じ文明八年の四月十日の条には「朝間宿雨、陰晴不定、新勅撰加校合」とあるので、「進上」するために写したテキストを校合している。ということは、実隆は自身が所持している信頼できる『新勅撰和歌集』のテキストを写し、そのもととなったテキストと校合していると思われる。実隆は賭けに負けた場合、このテキストをもう一度書写して、それを基春に渡すのだろうか。それとも、所持しているテキストを渡してしまうのだろうか。

一方の基春は『新勅撰和歌集』のテキストを所持していたのだろうか。持明院は書道の家であるので、あるいは所持していた可能性がある。そもそも、基春と実隆が(系統の異なる)『新勅撰和歌集』のテキストを持っていなければ、この賭けはあまりおもしろいものではない。こういうところにも、強いエネルギーを感じる。

『実隆公記』には将棋(=象戯)の記事も散見する。例えば、明応七(一四九八)年八月九日の記事には、「江南院入来、新黄門新造象戯馬[先日予染筆者也]今日始而用之、有興」とあって、江南院が実隆を訪れ、新黄門が新しくつくり、実隆が文字を書いた駒をおろして使ったことがわかる。実隆は象戯の文字まで書いていた。

松茸を食べ、鱸を食べる

文明十五年九月十一日の条には「晴、松茸一折自北林房室[予家室姉]恵、則遣飛鳥

井大納言禅門許了」とあって、届けられた松茸を飛鳥井大納言のもとに届けていることがわかる。また同年九月二十四日には「晴、亜相入来、朝飡相伴、鱸魚□酒等被携之者也」とあって、「亜相」がスズキをもって訪れている。同年十月二十六日の条には「鯉魚一樽等進之」とあって、ここでは実隆がコイ一樽を届けている。日記を丁寧に読んでいくと、当時の公卿たちがどのような食べ物を珍重していたかを窺うこともできる。ところで、日記には「松茸」と漢字で書かれているが、当時「松茸」はどのように発音されていたのだろうか。「え？　今と同じでマツタケじゃないの？」と思われた方が多いだろう。

　第三章で詳しく述べるが、室町時代には、ポルトガルの宣教師やスペインの宣教師が来日していた。ポルトガルの宣教師はイエズス会から派遣されていたが、一六〇八年には『日葡《にっぽ》辞書』と呼ばれる、日本語ポルトガル語対訳辞書をつくった。日本語をポルトガル式ローマ字綴りして見出し項目とし、その語釈をポルトガル語で記した。現在では、このポルトガル語を日本語に翻訳した『邦訳日葡辞書』（一九八〇年、岩波書店刊）が刊行されていて、中世ポルトガル語に通じていなくても、『日葡辞書』にふれることができるようになっている。この『日葡辞書』をみると、「Matçudaqe」とある。ということは、「マツタケ」ではなくて、室町時代は「マツダケ」と発音していたことになる。

　現在と同じように漢字で「松茸」と書かれていればなおさらであるが、仮に仮名で「まつたけ」と書いてあっても、現代日本語の発音が「マツタケ」であるので、まず

「マツタケ」と思ってしまう。それは当然のことなのだが、現在と同じように、濁音音節に濁点を必ず附すようになったのは、おそらく明治中期以降のことである。だから、それ以前の文献に「まつたけ」と書いてあったからといって、発音が「マツタケ」とは限らない。「マツダケ」の可能性もある。こうしたことは、気づきにくいかもしれない。それだけ、自分が母語としている現代日本語にとらわれやすい。

室町時代に「マツダケ」と発音していた語を現在では「マツタケ」と発音する。それだって、気づきの一つだ。小さな気づきが積み重なると大きな気づきになる。いつもいつも大きな気づきがあるとは限らない。性急に大きな気づきを求めすぎると微細な動きをとらえる眼を養うことができないのではないだろうか。

『新撰菟玖波集』が編まれ、書写された過程が具体的にわかる

『新撰菟玖波集』は、文和五（一三五六）年に成立し、延文二（一三五七）年の奏聞により勅撰に準じられた『菟玖波集』に続いて、一条冬良（一四六四〜一五一四）と宗祇との撰によって編まれた准勅撰の連歌撰集である。先にも少しふれたが、三条西実隆はこの編纂にもふかく関わっている。『実隆公記』には『新撰菟玖波集』を編んでいる様子が記されている。次にそうした記事を掲げてみよう。

1　連歌集草案出現、宗祇持来之、周備珍重々々、一反覧之、入夜終功、不審事共追命

之（明応四年六月二日）

2 自太相国連歌新撰中書到来、以兵部卿□□奏覧、但依御不例不能経天覧、清書仁体事中御門故障、為誰人哉事伺之、可為別人之由被仰下之、被准勅撰間事雖何時可申沙汰之由勅答（明応四年六月二十一日）

3 未下刻当西方有火事、（略）及夜消、凡超過之火事也、（略）基綱卿文書以下不残一塵化灰燼了、新撰菟玖波集清書事彼卿領状、件本、同料紙等同焼失、一条江次第本十巻同於彼宿所焼損、言語道断次第也（明応四年七月四日）

4 抑新撰清書今日終功云々（明応四年九月十日）

5 新撰菟玖波草案本廿巻書銘返遣宗祇法師了（明応四年九月十七日）

6 晴、自相国有消息、新撰菟玖波集廿一巻［加序］被送之、表紙萌木紗懐、散金銀薄［雲形］紫檀軸［八角］紐淡組、以黄薄様裏《文紅葉》之、居柳筥、今日吉曜之間可令奏覧云々、則著衣参内、付勾当内侍令進上之、被召御前之間参上、［黒戸、御念誦程也］則叡覧、神妙之由被仰下之、（明応四年九月二十六日）

7 抑新撰菟玖波集校合事今一反可沙汰進上之由被仰之、仍留宗祇法師一反点検、弟子宗坡来、同校之、及晩終功、（明応四年九月二十八日）

8 抑新撰菟玖波集銘［廿一巻］相国今日被書進上之、一部周備珍重々々（明応四年九月二十九日）

9 終日無事、新撰菟玖波集上卌餘丁染筆了（明応六年九月晦日）

10 宗長法師来、新撰菟玖波銘所望、可染筆之由報之（明応六年十月十四日）
11 新撰菟玖波集終功、伊勢物語立筆了（明応六年十一月三日）
12 新撰菟玖波集校合之（明応六年十一月五日）
13 新撰菟玖波集校合、終功了（明応六年十一月六日）
14 雨降、新撰菟玖波集両枚書改、加奥書遣宗祇法師許了（明応六年十一月七日）
15 新撰菟玖波集於宗祇法師所校合、相違所々今日直之遣了（明応六年十一月十四日）
16 新撰菟玖波集立筆（明応八年六月十四日）

明応四（一四九五）年六月には『新撰菟玖波集』の草案本が成ったとされている。そのことを示すのが1の記事である。「太相国《たいしょうこく》」は太政大臣の唐名であるので、時の太政大臣、一条冬良から「中書」本が届けられたことが2に記されている。兵部卿（滋野井教国）に奏覧させようとしたが、「御不例」でうまくいかなかったことがわかる。3では、清書をしていた姉小路基綱邸が火事にあい、清書用の料紙とともに、すでに清書がすんでいた『新撰菟玖波集』が灰燼に帰したという驚くようなことが記されている。実隆は同時に失われた「一条江次第本十巻」のことも記しているが、これはおそらく一条兼良の著わした、『江家次第《ごうけしだい》』の注釈書である『江次第抄』のことを指していると思われる。やはり、この時期には、火事によって、貴重な書物が失われるということが少なくなかったことが窺われる。4によれば、その九月には清書が終わったことがわかる。清書された本は、宗祇と門人たちとによって校合がなされ、九月二十六日には奏覧嘉納となり、その二十九日に准勅撰の綸旨が伝達される。それが6と7とに記されている。6によれば、奏覧本は金銀の箔を雲形に散らした表紙で、紫檀の軸の巻物として仕立てられ、萌葱色の紗に包まれていたかと思われる。7によれば、九月二十八日には、奏覧本の校合がもう一度行なわれている。8によれば、「相国」すなわち一条冬良が書名を書いて進上している。

天理図書館に蔵され、御巫本と呼ばれる本は明応四年九月に書写されているので、成立ときわめてちかい時期に写されたものである。同じ天理図書館に蔵されている邦高親王筆本は、明応六年三月の書写、やはり天理図書館に蔵されている三条西実隆筆本は明応六年九月書写の本で、これらの本も、『新撰菟玖波集』成立後一、二年の間に書写されていることになる。伏見宮邦高親王（一四五六〜一五三二）は、『新撰菟玖波集』に自作の句十九句が採られており、三条西実隆は三十一句が採られている。

9によれば、実隆が『新撰菟玖波集』上巻の三十丁余りを書写していることがわかる。14には「加奥書」とあるので、この十一月七日に上下巻の書写を終えたと思われる。**図2**は天理図書館に蔵されている三条西実隆筆本の下巻の奥書である。天理図書館善本叢書『新撰菟玖波集実隆本』（一九七五年、八木書店刊）から引用させていただいた。「明応丁巳」は明応六年にあたり、14にはあげなかったが、**図2**と一字一句違わない文章が11の引用に続いて記されている。つまり、9・14で実隆が書いていた『新撰菟玖波集』は、

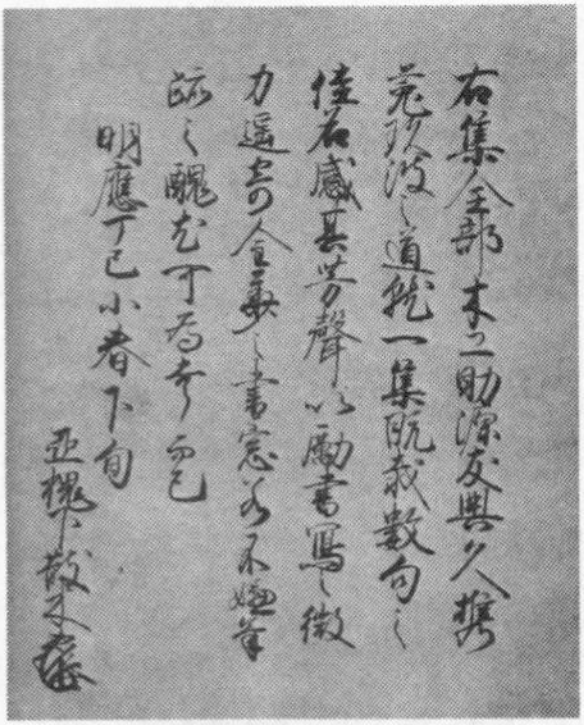

図2　天理図書館蔵三条西実隆筆『新撰菟玖波集』奥書

現在天理図書館に蔵されている「実隆筆本」と呼ばれている本であることになる。『実隆公記』において、実隆が写していることを記した本が現在も実際に残っていることには驚く。

この本は十一月三日には書き終わり、五日と六日とを使って校合をしている。七日には二枚書き改めて、奥書を加え、宗祇のもとに送っている。十一月十四日の条には「相違所々今日直之」とあるので、一週間宗祇のもとで校合が行なわれたことがわかる。この「実隆筆本」は均整な安定した筆致で書かれており、また実隆が自身で校合した後に、宗祇のもとでも校合をさせており、厳密を期していることが窺われ、奏覧本にちかい本として、実隆が自身の手許に置くために書写したと推測される。『親長卿記』の明応四年十月四日の条には、「自禁裏、今度宗祇法師新撰菟玖波集［去月廿六日奏覧、前関白太政大臣冬良公］四巻［第十一、十二、抜上下、第十三、十四、抜一二也］被下之、加写進云々」とあり、十月七日の条には「晴、彼四巻、今日書進上畢」とある。これによれば、禁裏の命によって、親長は、第十一、十二、十三、十四の四巻を書写して進上したことがわかる。ここにも「九月廿六日奏覧」とある。

このように、公卿たちが記していた日記によって、文学テキストがどのようにして編まれ、どのようにして書写されていったかということが相当に具体的にわかるということは興味深い。

図3は、実隆筆の『新撰菟玖波集』がどのような「本文」であるのか、また実隆がどのような字を書いていたのかを示すために掲げた。実隆は落ち着きのある流麗な文字を書く。宗祇と実隆の交流については、先に述べたが、ここでは「権大納言実隆」の名と「宗祇法師」の名とが並んでみえる。「多々良政弘朝臣」は大内政弘である。**図3**の翻字を示しておく。

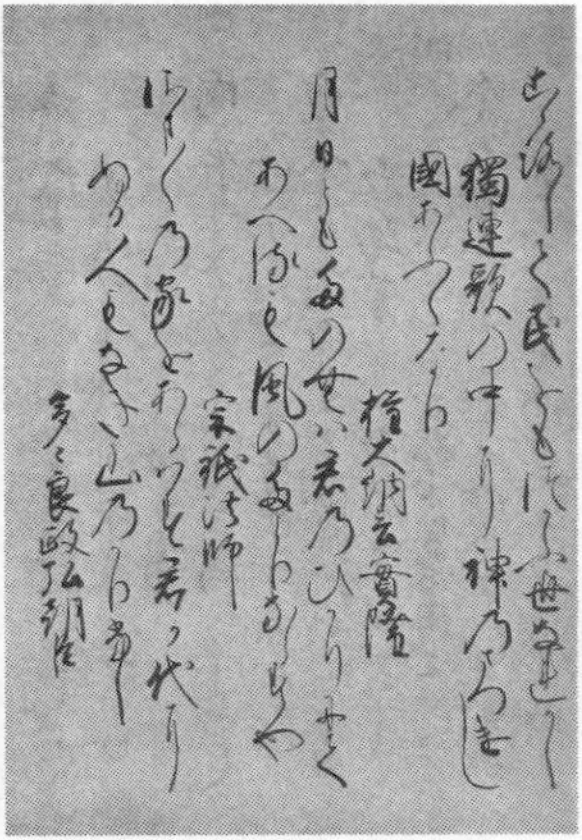

図3　三条西実隆筆『新撰菟玖波集』

こゝろして民をもつかふ世なれかし
独連歌の中に　神のさつけし
国あふくなり
権大納言実隆

月日ともたのむは君のひかりにて
あへるも風のたよりならすや
宗祇法師

さま〳〵の家をあらはす君か代に
ぬる人もなき山のかりふし
多々良政弘朝臣

第二章

中世の辞書『節用集』から見えてくる室町時代

本章では、室町時代に成立したと考えられている『節用集《せつようしゅう》』という辞書を採りあげてみたい。その前に、現在刊行されている辞書、例えば小型の国語辞書を使って、「辞書」ということについて少し整理しておきたい。『三省堂国語辞典』第七版（二〇一四年）の帯には「新語に強い三国《サンコク》の最新版」とか「生きのよい現代語満載／定評ある辞書の最新版」といったキャッチコピーが記されている。そのキャッチコピーは、そうした点において、他の国語辞書とは違う、ということを主張しているようにみえる。現代は、そのように辞書という出版物においても、他とは違う、ということが一つの価値として認められている時代といってよいだろう。

しかし、そのような認識のもとに辞書が編集されるようになったのは、ほんとうにごく最近のことと考える。そうなってからまだ五十年もたっていないのではないだろうか。今ここでは、室町時代に編まれた辞書について採りあげようとしているわけだが、この時期の辞書は、それまでに編まれた辞書を受けて成り立っていたといってよい。辞書が言語情報を蓄積した（有用な）テキストだとすれば、先行して編まれた辞書に蓄積されている言語情報をいかすのが自然であって、そうしたものをあえて排除して、独自性を主張することの意義はいかなる意味合いにおいてもないといってよい、と考える。山田俊雄は『日本語と辞書』（一九七八年、中公新書）の中で「辞書の項目の一つ一つは、先行の辞書の姿のまるまるの反映であったり、それのトリミングであったり、シルエットであったりするところが必ず幾分かはある、もしくは多く存するとさえ言えるものである」（一五八ページ）と述べている。「トリミング」「シルエット」ともに言い得て妙、的確な表現といえよう。

手数を倹約するから『節用集』

したがって、『節用集』について考えるにあたっては、それに先行する辞書も視野に入れた方がよい。『節用集』は『下学集』を受けて成ったことがわかっている。今、『節用集』がどのように『下学集』を継承しているかということについては煩瑣になるので述べないが、書名については確認をしておきたい。『下学集』は『論語』（憲問）にみられる「下学而上達」（下学して上達する＝身近なところから学んで、次第に深い道理を極める）から書名をとっており、そもそもが中国的である。「節用」がどのような意味合いをもって書名とされたかについての定説はないといってよいが、「用を節する」すなわち手数を倹約し省くという意味合いであるとのみかたがある。そうみた場合でも、「手数を倹約し省く」のは、何の手数を省くのか、ということがある。これは、他の辞書類を調べる手数を省くと考えれば、『節用集』が広範な情報をもつという主張になる。あるいは何らかの情報を得るために『節用集』を調べるということを前提とすれば、検索の「手数を省く」という主張であるとみることもできなくはない。

辞書といえば、何らかの情報を得るために「ひく」ものだと思われる方が多いだろう。現代の辞書はそういうものだ。しかし、最終的には「ひく」ことができるように編集されていたとしても、過去に編まれた辞書は、そもそもは言語情報の抜き書きであったという可能性がある。抜き書きが膨大になってきて、自分が抜き書きした情報に再びたどりつくことができるように、何らかの編集をおこなって、検索のキーを与えた。検索のキーがあれば、辞書のように使うことができる。辞書のように使うことができるようになっているテキストをみると、現代人は辞書だと思う。そういうことだと考える。自分が書きとめた情報をもう一度みるということと、辞書のように使うということは、はっきりと区別ができない。どちらにしても、求める情報にたどりつく「手数を省く」ということであった可能性はある。

辞書は「見出し項目+語釈」という形式で情報を収めている、と統一的に考えることにする。『下学集』は見出し項目を「天地門」「時節門」「人名門」「草木門」などの「門」に分けて収めている。「クモ（雲）」や「キリ（霧）」は天地にかかわるから「天地門」に、「ナスビ（茄子）」や「コンブ（昆布）」は植物だから「草木門」に、といったように、見出し項目の語義等を考えて、まずどの門に収めてありそうかを考えなければならない。そういうと、「とんでもない辞書だ」と思われるかもしれないが、しばらくこうしたタイプの辞書を使っていれば、なんとなくにしても、「この門だろうな」という見当はつくようになる。したがって、門にあたりをつけることはできる。しかし、その門の内部に、どのように見出し項目が収められているか、ということにおそらく「規則」がない。ほんとうはある、あるいはあったのかもしれないが、現代人の眼には、それがみえない。だから、あたりをつけた門を初めから終わりまでみるしかない。全部みて、「なかった」ということもある。『下学集』はそれほど規模の大きい辞書ではないから、一つの門を全部みることもそれほどたいへんなわけではない。それでも、門内をみるのに時間がかかることはたしかだ。

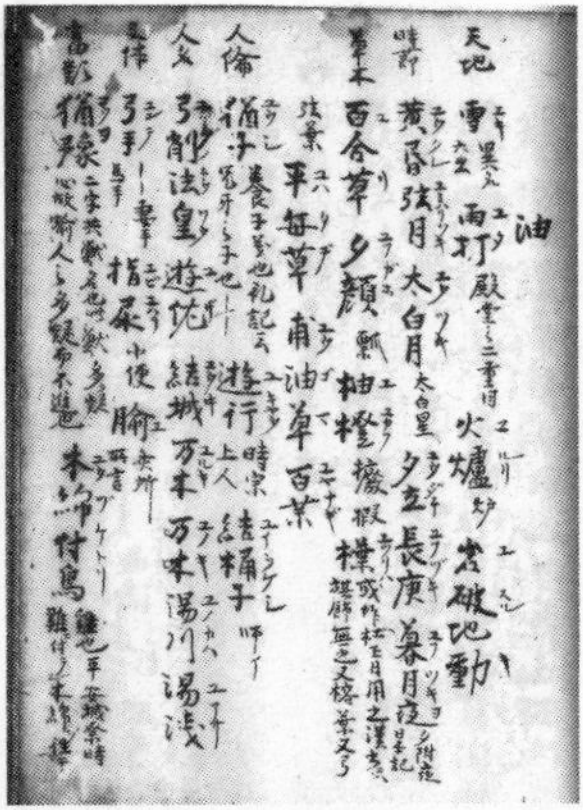
図4　佐々木本『節用集』ユ部冒頭

『節用集』は見出し項目の先頭の発音によって、まず「いろは」分類をしている。

見出し項目を「いろは」で分類

図4は「佐々木本」と呼ばれる『節用集』の「ユ部」の冒頭である。漢字で「油」と書いてあるが、これが「ユ部」であることを示している。そして、

上部に「天地」「時節」「草木」「人倫」「人名」「文体」「畜類」とみえているが、これが門の名前である。「ユ部」にはユから始まる見出し項目が収められ、それがさらに門に分けられている。門は結局はある語義をもった語句の集合とみることができるので、『節用集』は見出し項目を「いろは分け」してから、意義分類しているとみることができる。意義分類だけしかしていない『下学集』よりは、求める見出し項目が探しやすいことはいうまでもない。それを「節用」と呼んでいるのではないか、というのが先ほどのみかたである。

さて、もう少し細かく『節用集』をみてみよう。先に、辞書は「見出し項目＋語釈」という形式を採っている、と述べた。図4の「天地門」冒頭には「雪《ユキ》〔異名／六出〕」とある。これを使って説明すれば、「雪《ユキ》」が見出し項目で、「異名六出」が語釈ということになる。図4から窺われるが、『節用集』の見出し項目は「漢字＋振仮名」という形式になっている。つまり漢字で書いたかたちをそのまま見出し項目にして、それに振仮名を施している。現代の辞書は、まず仮名で書いたかたちを見出し項目にして、その後に、見出し項目となっている語（句）にあてる漢字（列）を添えるという形式であることがほとんどである。「漢字で書いたかたち」をそのまま見出し項目にしていることには注目しておきたい。つまりそれが、『節用集』が集めたかたちであるからだ。この見出し項目の語釈は「異名六出」とあるので、「ユキ（雪）」という語の「異名」すなわち別の呼び名は「リクシュツ／ロクシュツ（六出）」であるという語釈、注がつけられている。雪の結晶を花に見立てると六弁があるようにみえるところから、「リクシュツカ（六出花）」と呼ばれることもあるが、中国でそのように呼ばれていたことが日本に伝えられた。「六出」は『実隆公記』においても使われている。

「畜類門」の冒頭に置かれた「ユウヨ（猶豫）」には「二字共獣名也此獣多疑心故喩人之多疑而不進也」（二字共に獣の名なり。この獣疑う心多き故、人の多く疑いて進まざるを喩ゆなり）という漢文で書かれた語釈（注）が記されている。語釈が漢文で書かれているのだから、中国風であることはたしかである。「ユウヨ（猶豫）」が「獣名」と聞いて「え？」と思われた方もいるだろう。ちなみにいえば、「猶」は〈疑い深い性質の猿〉で、大きなゾウ（象）が「豫」である。それでは『節用集』がどのような語句を見出し項目としているかをみていこう。

1　見出し項目となっている動物

『節用集』という名前の辞書はいくつあるか

先に「畜類門」の「ユウヨ（猶豫）」という語についてふれたので、まず「畜類門」に採りあげられている見出し項目をみてみることにしよう。図4では「佐々木本」と呼ばれる『節用集』を採りあげた。『節用集』と認められる辞書はたくさんあるので、ここでは、「義知本《よしとも》」と呼ばれることがあるテキストを中心にして述べていくことにしたい。見出し項目だけを話題にする場合には、語釈を省略して引用した。また振仮名は漢字の後ろに丸括弧に入れて示す場合がある。

その前に、先には「佐々木本」、ここでは「義知本」と呼ばれるテキストを採りあげると述べているが、そのことについて「どういうことだろう」と思われた方がいらっしゃるかもしれないので、少し説明をしておきたい。現代において出版される本は、同じ名前であれば、同じ「内容」であることが当然である。単行本として出版された場合と、それが文庫本として出版される場合とでは、表記などが少し違う場合があるだろうが、それでも「内容」が異なることはないはずだ。

この時代の本は、印刷されて出版されるものがなかったわけではないが、それはあまり多くない。多くの場合、本は写されていた。写本といったりする。誰かがもっている『源氏物語』がおもしろそうだから、自分も読みたいと思ったら借りてきて読めばよいが、それを自分の手許に常に置いておきたいということになれば、写すしかない。自分で書写することができるのであれば、自分で写すし、それができないのであれば、他人に依頼するしかない。『実隆公記』には、武家に依頼されて実隆が書物を書写するさまが記録されていた。そのように、この時代の本はもっぱら書写されていた。だから、誰かがもっている『節用集』を自分も手許に置きたい場合は、それを写すしかない。

室町時代の『節用集』を、江戸時代になって印刷出版された『節用集』（近世節用集）と区別して「古本節用集」と呼ぶことがあるが、「古本節用集」は「堺本」と「饅頭屋本」と「易林本」以外は、すべて書写されたテキストである。そして、書写によって成ったテキストであるから、写し間違いといった「事故」を含みながら、みんな少しずつ異なるテキストとなっている。そしてまた、この時代の辞書は、まずは自分のために写すので、写したあとで、自身が何らかの「情報」を書き加えるということもよく行なわれていた。中には、白紙を綴じ込んだテキストもある。そうなると、同じテキストは一つもないといってもよい。「古本節用集」もそうで、現在残されているテキストが五十ほどあるが、完全に同じテキストはないといってもよい。しかし、総体としてみれば、同じような辞書であるので、総称として『節用集』と呼ぶ。しかしそれでは個別的な識別ができないので、「佐々木本」とか「義知本」とか、個別的な呼称を使って区別をしているということだ。こういう点も、現代の辞書と異なる点である。

誰が『節用集』を写したのか

さてそれではどんな人物が『節用集』を写したのだろうか。先にテキストが五十ほどあると述べたが、誰が写したかが記されているテキストはほとんどない。現在宮内庁書陵部に蔵されているテキストには「節用集　西三条実隆　写　完」と書かれた題簽が貼られている。題簽がいつ頃貼られたかはわかっていない。このテキストは巻末に、壺型の大きな方形朱印がおされており、朱印の下には「堯空」と書かれていたことが指摘されている。「堯空」は三条西実隆の号である。題簽は、この「堯空」に基づいて、いずれかの時期に貼られたものと思われる。ただし、このテキストは一五五〇年以降に写されたものであることがテキスト内部の記事からわかる。三条西実隆は一五三七年に没しているので、このテキストは実隆が写したものではない。しかし、「三条西実隆が写したと思われていた」ことは重要で、もしも実隆がそのようなことをするはずもない人物だったら、そうしたみかたは成り立たなかったはずだ。

『増刊下学集』と呼ばれるテキストが現在天理図書館に蔵されている。「増刊」は何らかのテキストを増補して刊行することと考えられなくもないが、「刊」字には〈けずる〉という字義がある。そのことからすれば、「増刊」は「増＝ふやす」「刊＝けずる」ということで、『下学集』を増補したり、削ったりしたということを意味していると思われる。この書名は『下学集』と『節用集』との関係を明白に語っているといえよう。

和歌と蹴鞠の家

さて、この『増刊下学集』は飛鳥井《あすかい》雅親《まさちか》（一四一六～一四九〇）が写したと江戸時代に鑑定されている。飛鳥井雅親は、室町時代の歌人で、法名を栄雅《えいが》という。飛鳥井家は和歌、蹴鞠の家として知られる。この雅親の没後は嫡子、飛鳥井雅俊（一四六二～一五二三）が歌鞠両道の飛鳥井家を嗣ぎ、足利将軍家の歌道、蹴鞠の師範をつとめる。この雅俊の長男である雅綱（一四八九〜一五七一）は「武家伝奏」（＝朝廷における職で、公卿が任命され、武家の奏請を朝廷に伝える役）をつとめるが、織田信長の父親である織田信秀とともに、蹴鞠を行ない、信秀の家臣が雅綱に弟子入りをするという記事が、山科言継の日記『言継卿記』の天文二（一五三三）年七月の記事にみえていることがよく知られている。

蹴鞠は、先にあげた飛鳥井雅綱、織田信秀の他に、山科言継、織田右近、速水兵部丞、蔵人の六人で行なわれ、数百人が見物したとのことであるが、公家と武家とによる蹴鞠であり、こうしたところにもこの時代の雰囲気があらわれている。武家と蹴鞠とはイメージとして結びつきにくいかもしれないが、この時代における蹴鞠は和歌とともに「公家社会が武家に伍してゆくための効果的な活性剤となって衰えることはなかったし、諸家は競って練習に励んだ。時代の趨勢というべきものであった」（今泉淑夫『東語西話』十六〜十七ページ）と指摘されている。

『実隆公記』にも蹴鞠を行なった記事がしばしばみえる。例えば文明十三（一四八一）年四月二日の条には、

「晴、蹴鞠有興、楽邦院、瑞允、万里小路、師富朝臣等来、不期而賀茂貞久、武辺輩一両輩誘引之来、薄暮分散」とある。「楽邦院」は先にふれた江南院龍霄のことで、「師富朝臣」は押小路《おしこうじ》師富のこと。この日は期せずして「武辺」の輩が来たので、薄暮の時分まで蹴鞠をしていることがわかる。十一日にも「於宮御方有御鞠」とあるし、十五日に

も「及晩万里小路、瑞允等来蹴鞠、今夜両人留之」とあるので、万里小路と瑞允とはこの日は泊まっていることがわかる。翌十六日には「晴、万里小路以下自未明蹴鞠、有興」とあって、次の日は早くからまた蹴鞠をしている。二十一日にも「及晩頭中将入来、蹴鞠一足有興」とあって、この日も晩方から蹴鞠をしている。こうしてみると、さまざまな公務、行事、仕事の合間に蹴鞠をしていることがわかる。蹴鞠も「仕事」の一つとみるべきなのかもしれない。『実隆公記』の六日の記事には「及晩参内、狭衣物語校合今日終功、中御門黄門、新宰相等候之」とあり、晩方になってから参内し、『狭衣物語』の校合を終えたことが記されているのみであるが、『親長卿記』の同日、四月六日の記事には「晴、有鞠、晩食之後有鞠」とあって、親長邸でのことと思われるが、蹴鞠が毎日のように行なわれていた様子が窺われる。これは現代人にはなかなか想像しにくいことかもしれない。

さて、近世になると「飛鳥井殿流（栄雅流）」という書道の流派がたてられるほど、雅親は能書でもあった。この「増刊下学集」を実際に雅親が書写しているかどうかはわからないが、やはり、ある時点で「飛鳥井雅親が写したと思われていた」ということは重要である。つまり、三条西実隆や飛鳥井雅親のような公卿が『節用集』を写しそうな人物であると思われていたということだ。

現代語と違う語形

例えば「ク部」には「狐《クツネ》」とある。現在は「キツネ」という語形を使っているので、「クツネ」は現代日本語とは異なる語形ということになる。違いは「キ」と「ク」とだけであるので、これは母音が「イ」であるか「ウ」であるかというだけの違いということになる。母音が違っているので、「クツネ」は「キツネ」の「母音交替形」ということになる。ただし「キ部」には「狐《キツネ》」も見出し項目となっている。このような場合、『節用集』が編まれた時期、すなわち室町時代には、「クツネ」「キツネ」二つの語形が併用されていた、というのは一つのみかたであるが、この時代に使われていた語形は二つのうちのどちらかで、もう一方は、古い語形というような可能性もあるので、即断はできない。

さて、『節用集』において見出し項目となっている語形が現代日本語とは異なる語形であることは少なくない。「畜類門」からだけでも、「蠅虎《ハイトリクモ》」「蠅《ハイ》」（ハ部）「狼《ヲウカメ》」（ヲ部）「蝸牛《カタツブリ》」「蛙《カイル》」「鼈《ガザメ》」（左振仮名ウミカメ）（カ部）「蛐蜒《ナメクジリ》」（ナ部）「貉《ウジナ》」「鰭《ウルカ》」（ウ部）「梟《フクロ》」（フ部）「鮎《アイ》」（左振仮名アユ）（ア部）「栄螺《サヾイ》」（サ部）「猶豫《ユヨ》」（ユ部）「鷦鷯《ミソサンザイ》」（ミ部）「蟾蜍《ヒキガイル》」「蛾《ヒイル》」（ヒ部）などを拾い上げることができる。『節用集』の語形を軸とした説明を下に附すと次のように整理できる。

節用集の語形　　現代の語形

1　ハイトリグモ→ハエトリグモ　「イ」と「エ」との母音交替

2	ヲウカメ→オオカミ	「エ」と「イ」との母音交替
3	カタツブリ→カタツムリ	「b」と「m」との子音交替
4	カイル→カエル	「イ」と「エ」との母音交替
5	ガザメ→ガザミ	「エ」と「イ」との母音交替
6	ナメクジリ→ナメクジ	語末の「リ」の脱落
7	ウジナ→ムジナ	「ウ」と「ム」との交替
8	フクロ→フクロウ	長音化
9	サザイ→サザエ	「イ」と「エ」との母音交替
10	ユヨ→ユウヨ	長音化
11	ヒキガイル→ヒキガエル	「イ」と「エ」との母音交替

右は「畜類門」にみられる例なので、『節用集』全体をみれば、さらにさまざまな語形の異なりを拾い上げることができるが、よくみられる異なりはある程度拾い上げることができている。

まず「イ」と「エ」との母音交替が多いことに気がつく。1・4・9・11がそれにあたる。『節用集』→現代の語形とみた場合「イ→エ」ということになるが、2・5はその逆で「エ→イ」である。ということは、『節用集』の時代に「イ」だった母音が現代では「エ」になっているという、方向の決まった母音交替ではなく、「イ」と「エ」とが交替しやすかったとみるのがよさそうなことがわかる。交替しやすいということは、発音が、場合によって接近することがあったということであろう。

第三章「宣教師の時代」で詳しく採りあげるが、一六〇三年にイエズス会宣教師と日本人信者との協力によってつくられた『日葡辞書』という日本語ポルトガル語対訳辞書がある。それをみると、「カイル（Cairu）」も「カエル（Cayeru）」も見出し項目となっているが、後者には「ただし、話し言葉ではCairu（カイル）と言う」と記されていて、室町時代の話しことばではひろく「カイル」という語形が使われていたことが窺われる。

「永正十三年」の奥書をもつ『なそたて』（謎立て）と呼ばれる本が天理図書館に蔵されている。この本に基づいたと思われる『後奈良院御撰何曾《ぎよせんなぞ》』と呼ばれる本もある。この本に「やぶれかちやう（破れ蚊帳《かちよう》）」とかけて「蛙」と解く、その心は？といったような謎々がある。破れた蚊帳《かや》からは蚊が入ってしまう。つまり「蚊、入る」＝「カイル」が答えということになる。「蛙」が「カエル」と発音されていたのでは、この謎々の答えにならない。このことからすれば、室町時代から江戸時代にかけての時期は、たしかに「カイル」と発音していたことがわかる。

3は「[b]と[m]との子音交替」と説明した。これもこの時期に少なからずみられる交替形である。ここでも『日葡辞書』を調べてみることにしよう。すると、例えば「マボル（Maboru）（守）」「マモル（Mamoru）」、「ヒボ（Fibo）（紐）」「ヒモ（Fimo）」では、それぞれが別の見出し項目となっており、「シラブル（Xiraburu）（調）」「シラムル

(Xiramuru)」では、一つの見出し項目の中に両語形がラテン語「Vel」=または、その省略形である「l」によって併記されている。つまり右に挙げた語形は両語形が(何らかのかたちで)使われていたとまずは推測される。

九世紀末ぐらいに成立したと思われている『新撰字鏡』という辞書において、「蜒奈女久地」とあるので、「ナメクヂ」という語形は早くからあったと思われる。したがって、6は室町時代には「ナメクヂリ」という語形であったが、それが現代に至るまでの間に「ナメクジ」という語形になったということではない。『日葡辞書』では、「Namecuji(ナメクジ)」と「Namecujiri(ナメクジリ)」とをともに見出し項目として、「ナメクジリ」に「Cami(カミ)で用いる語」と記す。「Cami(カミ=上)」は近畿方言を指すと考えられている。ただし、この『日葡辞書』の記事が室町時代の日本語を正確にとらえているとは限らない。しかし「ナメクジ」「ナメクジリ」両語形を見出し項目としているところからすれば、両語形が(何らかのかたちで)使われていたと考えてもよさそうである。

7の「ウジナ」と「ムジナ」とについて「「ウ」と「ム」との交替」という説明にしたが、[u]と[mu]との交替とみれば、子音[m]があるかないかということになる。日本語の「ム」はそもそも[m]だったというみかたもあり、その場合は、その[m]を仮名で書く場合に、「う」と書くか「む」と書くかということになる。したがって、もともとは、ある発音を仮名でどのように書くかということであった可能性があるが、例えば［mme］と発音している語を仮名で「うめ」と書いたり、「むめ」と書いたりすると、今度は仮名で書いたかたちに影響されて、［ume］と発音したり［m（u）me］と発音したりするということが起こる。そう考えると、7は室町時代の時点で、「ウジナ」という語形があったのかどうかということにもなるが、ひとまず、現在だったら「ムジナ」と発音する語が、「ウジナ」と書かれている例ということで採りあげておこう。

8・10は「フクロ」「ユヨ」という語形からみれば、長音化していない語形ということになる。「フクロウ」は和語で、「ユウヨ」は漢語にあたる。日本語にはそもそも長音という音韻がなかったと思われる。したがって、日本語において、長音は安定して機能していない。長音に発音するか、しないかによって、語義が異なる語の組は、外来語である漢語を別にすれば、「オジサン」と「オジイサン」、「オバサン」と「オバアサン」ぐらいしかないといわれている。しかし、この二組も語としては新しい。「オジイサン」「オバアサン」はかつては「ジジ（爺）」「ババ（婆）」であったと思われ、「ジジ」と「オジ」とは組＝ペアにならない。そしてまた、「フクロウ」がはっきり四拍として発音されていれば、つまり最後の長音がはっきりと一拍分の長さをもっていれば、そこにあてる仮名を考えることになり、「フクロウ」と書きやすい。しかし、最後の長音がはっきりとした一拍分の長さをもっていない場合は、その長さによっては、「フクロ」と書くのが自然ということはあろう。直前の母音を一拍のばすのが長音であるとすれば、長さは発音のたびに、やや短かったり、ほぼ一拍分であったり、さまざまであることが予想される。

過去の言語については、書かれているかたちから、つまり文字化されたかたちから発音を探っていくことになる。文字化に使われている文字が、仮名のように表音文字である場合は、「ムメ」と書いてあれば、[mume]と発音していた、「ウメ」と書いてあれば、[ume]と発音していたと思いやすい。しかし、発音が[mu]とも[u]とも異なる場合、どちらかちかいと感じる仮名で書くしかない。そういうことも皆無ではないと心得ておかなければならない。「フクロウ」と書いてあれば、[fukuroo]と発音していた、「フクロ」と書いてあれば、[fukuro]と発音していた、と考えるのがまずは自然であるが、長音が短めであった場合は仮名でどう書けばよいか。結局は「フクロウ」と長音形で書くか、「フクロ」と非長音形で書くかしかない。文字化するということは、そうした選択を迫るということでもある。「ありのまま」には書けないと思っておく必要もある。

さて、右でわかるように、「畜類門」には昆虫も含まれている。次には昆虫をみてみることにしよう。

こんな昆虫がいます

ハ部には「蠖（ハカリムシ）」とある。これは現在では「シャクトリムシ（尺取り虫）」と呼んでいるものと思われる。歩く様子が何かを測っているようにみえるところからの呼称であろう。ト部には「蜻蜓（トンバウ）」とある。「トンバウ」は「トンボー」であるので、現在は「トンボ」という語形を使っているが、この時期には長音化した語形があったと思われる。また「蠹魚（トギヨ）」もみえる。「蠹」は〈衣服や書物を食害する虫〉で、そのかたちが魚に似ているので、「トギョ（蠹魚）」という。和語では「シミ」がこの虫にあたるだろう。「シ部」には「蠹（シミ）［食書虫也蟫紙魚蠹魚］」とある。したがって、「シミ」という和語が室町時代に使われていなかったわけではないと思われる。しかし、「トギョ（蠹魚）」という漢語も使われていたであろうということには注目しておきたい。室町時代は、日常生活（話しことば）の中でも漢語が使われるようになった時代だと考える。

　ク部に「蝗虫（クワウチウ）食レ麦」とある。今風に発音すれば「コウチュウ」だろう。「蝗」は「イナゴ」にあてる字であり、「食レ麦」とあるところからしても、これは「イナゴ」にあたる昆虫と思われるが、やはり漢語形である。

　ア部に「螵蛸（アシマトイ）蜱」とある。「アシマトイ」は「ハリガネムシ」だとされているが、実際にどの昆虫であるかは、結局は確定できない場合が多いので、それは措くことにしたい。

　シ部には「蟋蟀（シツソツ）蛬（キリ〳〵ス）也」とある。漢字列「蟋蟀」は現在では「コオロギ」にあてるが、ここでは「キリギリス」にあてられていると思われる。ここでも和語「キリギリス」と漢語「シッソツ（蟋蟀）」とが併記されている。

和語「イナゴ」と漢語「コウチュウ（蝗虫）」とが実際の「話しことば」の中で、両用されていたかどうかはなかなかわからない。「話しことば」では和語が使われ、「書きことば」では漢語も使われるということはありそうだ。そうしたさまざまな可能性を含みながら、『節用集』という、室町時代に編まれた辞書の中には、「イナゴ」と「コウチュウ（蝗虫）」とが「同居」しているということは（その意味合いは別として）「事実」である。この「事実」は、先に室町時代を「和漢」というキーワードで考えたこととつながる。日本語に関しても、室町時代は「和漢」が融合しようとしていた時代といえよう。

振仮名が左右両方にある

イ部の畜類門に「鶺鴒（右振仮名イシクナキ／左振仮名セキレイ）」という見出し項目がある。ここでは、漢字列を真ん中にして、右に和語形「イシクナキ」、左に漢語形「セキレイ」が振仮名として施されている。これは先に述べた、日本語における「和漢」が具体的にあらわれている形式といってもよい。ここでは畜類門に限らず、こうした左右両振仮名がみられる見出し項目を少し挙げてみたい。

	漢字列	右振仮名	左振仮名	所在（門名）
1	不審	イブカシ	フシン	イ部言語数量門
2	疱瘡	ハウサウ	モガサ	ハ部支体門

3	忍冬草	ニントウサウ	スイカツラ	ニ部草木門
4	卒尓	ニワカ	ソツジ	ニ部言語進退門
5	弁償	ベンシヤウ	ワキマヘツクノウ	ヘ部言語進退門
6	蜘蛛	チチウ	クモ	チ部畜類門
7	鴛鴦	ヲシトリ	エンワウ	ヲ部畜類門
8	愚	ヲロカナリ	グ	ヲ部言語進退門
9	大概	ヲウムネ	タイガイ	ヲ部言語進退門
10	旱天	カンテン	ヒデリ	カ部天地門
11	邂逅	カイコウ	タマサカ	カ部言語進退門
12	幼稚	ヨウチ	イトケナシ	ヨ部言語進退門
13	外聞	ヨソギ、	グワイブン	ヨ部言語進退門
14	盗汗	タウカン	ネアセ	タ部支体門
15	手巾	タノコイ	シユキン	タ部衣服門
16	猶豫	タメラウ	ユヨ	タ部言語進退門
17	齟齬	ソゴ	ハノクイチガウ也	ソ部支体門
18	躑躅	ツ、ジ	テキチヨク	ツ部草木門
19	慇懃	ネンコロニネンコロ也	インキン	ネ部言語進退門
20	蜘蛛	クモ	チ、ウ	ク部畜類門

21	灸	ヤイト	キウ	ヤ部支体門
22	薯蕷	ヤマノイモ	ジヨヨ	ヤ部草木門
23	磨滅	マメツ	スリギヘ	マ部言語進退門
24	綢繆	マツワル	チウビウ	マ部言語進退門
25	鴛鴦	エンワウ	ヲシ	エ部畜類門
26	提子	テイス	ヒサゲ	テ部財宝門
27	會釈	アイシラウ	エシヤク	ア部言語進退門
28	許容	キヨヨウ	ユルシユルス	キ部言語進退門
29	終日	ヒメムス	シウジツ	ヒ部天地門
30	提子	ヒサケ	テイス	ヒ部財宝衣服門
31	冷麪	ヒヤムギ	レイメン	ヒ部食物門
32	誹謗	ヒハウ	ソシリソシル	ヒ部言語進退門
33	疥癬	ゼニガサ	カイセン	セ部支体門
34	荵苳	スイカヅラ	ニンドウ	ス部草木門
35	睡眠	スイメン	ネムリネムル	ス部言語進退門

言語進退門以外では畜類門、草木門、支体門が多くみられることがわかる。これは有意の現象であろう。中国において、中国語でこう呼んでいる動物、植物が日本ではこう

呼ばれている、ということは少なからずあることが推測される。それが具体的には全同ではなくても、「ほぼこれに相当するだろう」ということをも含めて、もっとも具体的に「和漢」が意識される場面かもしれない。3は中国で「ニントウサウ（忍冬草）」と呼んでいる植物は日本では「スイカヅラ」と呼ばれるということを示しているといえよう。

3に関してさらにいえば、曲直瀬《まなせ》道三《どうさん》（一五〇七～一五九四）という人が著わした、薬についての本に、『和名集《わみようしゆう》 幷《ならびに》 異名製剤記《いみようせいざいき》』（元和九・一六二三年刊）というものがある。曲直瀬道三は日本医学中興の祖とされることがある。曲直瀬道三は、将軍足利義輝を初めとして、細川晴元や三好長慶、松永久秀などの武将の診療も行ない、尼子義久を攻めていた毛利元就を陣中で診療したこともある。織田信長の診察もしており、蘭麝待《らんじやたい》を贈られている。天正十二（一五八四）年に豊後でイエズス会の宣教師オルガンティノを診察したことがきっかけとなって入信し、洗礼を受けるなど、異色の人物といってよい。曲直瀬道三は京都相国寺で詩文も学んでいる。

蘭麝待は奈良時代に中国から伝来したといわれる重さ十一・六キログラムもある香木で、東大寺正倉院に蔵されている御物である。この御物を、切り取った人物で名前がわかっている人物が六人いる。足利義満、足利義教、足利義政、土岐頼武、織田信長、明治天皇の六人である。実際にはさらに多くの切り取り跡が残っていることが調査でわかっている。足利義政、織田信長、明治天皇が切り取ったところには、名前を記した紙が貼付されている。信長は切り取った蘭麝待を千利休と今井宗久に与えているが、さらに、曲直瀬道三にも与えている。

右では曲直瀬道三に対して「異色の人物」という表現を使ったが、禅林にふれ、漢詩文をつくり、自身は医療に携わり、その医療をもって、武家や外国人宣教師とコミュニケートしていくということは、室町時代においては、「異色」のことではなく、むしろそれが室町時代だとみるべきかもしれない。

さて、右の『和名集并異名製剤記』には「忍冬　ニントウ。日本スイカヅラノ事ナリ。十二月ニ採テ陰乾《かげぼし》スル。ツル葉共ニ日ニ乾テ、剉《きざ》ミ炙リ用ユ。花ヲ金銀花ト云フ。冬ヲ凌テ不凋故《しぼまざるゆえ》ニ忍冬ト云フ」とあり、蔓と葉とを乾して（漢方）薬にしていたことがわかる。解毒、利尿などに効果があるとされる。花（の蕾）も干し、現在でもそうであるが、「金銀花」として、これも漢方薬として使われる。「スイカヅラ」は「吸い葛《かずら》」で、花の甘い蜜を吸うところから名付けられたと思われるが、スイカズラ類は英語でも「honeysuckle」と呼ばれており、甘い香りと蜜はどの地域でも注目されていたことがわかる。

薬用になるということは、重要なことと思われ、中国での薬用植物が日本におけるどの植物にあたるかということは、いつの時代においても大事な「情報」であったはずだ。3はニ部において「ニンドウソウ（忍冬草）」が見出し項目となっており、左振仮名として「スイカツラ」が施されているが、34はス部に「スイカヅラ（忍冬）」が見出し項目となっていて、左振仮名として「ニンドウ」が施されている。つまり、和語形からでも漢語形からでも、この「情報」にたどりつける。

先に述べたように、動物や植物など、「実物（=指示物）」が存在する場合は、漢語形と和語形との対応ということが意識されやすい。6と20とは右と同じようになっており、チ部では「チチウ（蜘蛛）」を見出し項目として、左振仮名に「クモ」、ク部では「クモ（蜘蛛）」を見出し項目として左振仮名に「チ、ウ」とある。

文体門には2や33のように病気の名が見出し項目として採りあげられることがある。病気はやはり人間生活の関心事といってよいはずで、人体の各部の名称や疾病名は、早い時期から辞書に採りあげられることが多かった。「ネアセ」「タウカン（盗汗）」についていえば、『節用集』と同じ室町時代に編まれた『運歩《うんぽ》色葉集《いろはしゅう》』という辞書には、「寝汗《アセ》 同 盗汗」（ネ部）と記されている。また、現在でも漢方医学では、（ある種の）「ネアセ」のことを「トウカン（盗汗）」と呼ぶとのことであるが、『日本国語大辞典』第二版は十八世紀の誹諧にこの「トウカン」が使用されていることを示している。そのことからすれば、漢語「トウカン（盗汗）」は室町時代ぐらいからずっと使われていた可能性がたかい。わたしたちは、現在、自分が使わないので、見出し項目として採られている『節用集』の漢語をみた時に、その漢語が日常生活の中で使われていたとなかなか思いにくい。『節用集』が見出し項目としている漢語のすべてが、室町時代の日常生活の「話しことば」の中で使われていたわけではないであろうが、「書きことば」まで含めて

「日常生活」を考え、そして使い手を、公卿などまで含めて幅広く考えれば、ほとんどの見出し項目が「使われていた」とみるのがむしろ自然ではないかと考える。それがわたしたちにぴんとこないとすれば、その面において、室町時代と現代とは思いの外隔たってているということだろう。漢語、漢字が現代の日常生活から急激に遠ざかっていっていることの「反照」ではないかと考える。

振仮名に現われる和と漢

言語進退門にみられる例はさまざまなことがらを教えてくれる。8では漢字「愚」の右振仮名に「ヲロカナリ」とあって、左振仮名に「グ」とある。これは右振仮名が「訓」、左振仮名が「音」を示しているだけではないかと思われたかもしれない。そのとおりであるが、よく考えてみると、漢字の「音」「訓」も、「音=漢」、「訓=和」とみなせば、「和漢」の一つのかたちといえなくもない。むしろ、早い時期からこういうかたちで、具体的に漢字を媒介にして「和漢」ということが知らず知らずのうちに、浸透していったのかもしれない。5では漢語「ベンショウ(弁償)」を見出し項目として採りあげ、左振仮名として「ワキマヘツクノウ」を施す。改めていうまでもなく、「ワキマヘ」「ツクノウ」は「弁」字「償」字の「訓」といってよい。だから、この左振仮名は、「ベンショウ(弁償)」という「二字熟語」のそれぞれの漢字の「訓」を左振仮名として施しただけだとみることもできる。しかしまた、そのように、「訓」を記すことによって、

「ベンショウ（弁償）」という漢語の語義は「ワキマエ、ツグナウ」ことだと示しているとみることもできる。そうした理解が「ベンショウ（弁償）」という漢語の語義を十分に説明できているかどうか、適切な説明であるかどうかということは今問題にしない。今確認しておきたいのは、こういうごく単純な形式の「漢語の理解のしかた」もあったのではないかということである。そしてそれは現在まで続いている「漢語の理解のしかた」ではないか。

例えば、『三省堂国語辞典』第七版で見出し項目「タントウ（短刀）」にあたってみると、「短いかたな」と説明されている。あるいは見出し項目「ダントウ（暖冬）」は「あたたかな冬」と説明されている。「それはそれしか説明できないだろう」と思われるかもしれない。そうであろう。だから、「（定）訓」というものが、ある程度の時間をかけて、中国語と日本語とをいわばすりあわせてきた、その「実体験」を集約したものとしてあって、そうしたプロセスを経て成ったものであるから、有効であるのだろう。日本語における漢字使用において「訓」が果たしてきた役割というものをもっと評価する必要があるのではないだろうか。

28では漢語「キョヨウ（許容）」の左振仮名に「ユルシユルス」とある。いうまでもなく、「許」字に〈ユルシ〉という字義があり、「容」の字にも〈ユルス〉という字義があるということを示しているが、「藝がない」ようにみえなくもない。しかし、こうしたことは少なくないと考える。しばしば「二字熟語」と呼ばれたりもすることのある、中国語の複合語には、上字下字に類義の字を重ねてつくられたものが少なくない。中国語においては、漢字が異なるのだから、上字下字には、何らかの字義差があるわけだが、日本語に対応させると同じ「訓」になる、右の28のような場合がある。この場合は、上字が〈ユルシ〉で、下字が〈ユルス〉なのだから、結局「ユルス+ユルス」で「キョヨウ（許容）」全体の語義も〈ユルス〉と考えれば、さほど的外れにはならないはずである。中国語において考えるのならば、「キョ（許）」と「ヨウ（容）」とはどう語義が異なっていて、また「キョヨウ（許容）」と複合した場合は、「キョ（許）」や「ヨウ（容）」とはどう語義が異なるのか、ということがひとまずは問題になるが、日本語において、ということになれば、すべてさほど違いがない、ということはあっておかしくない。

この漢字を日本語の中で、使うか使わないかという判断を一字ずつしながら、日本語を書く文字として漢字を取り込んでいるわけではなく、いわば無制限に入り込んでくる漢字が、それぞれの漢字のもつ「事情」のもとに、日本語との関係を形成し、（あるいは形成できず）また「訓」をもったりもたなかったりするのだから、そんなには必要ないのに、漢字がすでに入り込んでいるということだってあるはずだ。そうなると、この漢字も、この漢字も字義は〈ユルス〉ということになる。

19では漢語「インギン（慇懃）」の右振仮名に「ネンコロニネンコロ（也）」とあり、32では漢語「ヒボウ（誹謗）」の左振仮名に「ソシリソシル」とあり、35では漢語「スイメン（睡眠）」の左振仮名に「ネムリネムル」とあるが、これらも同様で、結局漢語

「インギン（慇懃）」の語義は〈ネンゴロ〉、「ヒボウ（誹謗）」の語義は〈ソシル〉、漢語「スイメン（睡眠）」の語義は〈ネムル〉と理解すればよい。「メン」は漢字「眠」の呉音にあたる。この「眠」字においては、漢音が「ベン」で、現在一般的にひろく使っている「ミン」が慣用音にあたる。

一つの漢字列が和語にも漢語にも対応する

1では「イブカシ」という和語に漢字列「不審」があてられ、その左振仮名に「フシン」とある。左振仮名となっている漢語「フシン」を書くのに使われる漢字列が「不審」であり、この場合、漢字列「不審」が漢語「フシン」を書く場合にも、和語「イブカシ」を書く場合にも使われる、使うことができるとみることも可能である。4・9・10・11・12などを初めとして、右に掲げたほとんどの例がこうした場合に該当する。11では漢語「カイコウ（邂逅）」の左振仮名に和語「タマサカ」があてられているが、タ部言語進退門には、「邂逅（右振仮名タマサカ）」とある。この場合、左右に振仮名が施されていないので、こうした例については、右で採りあげていない。しかし、タ部の「邂逅（右振仮名タマサカ）」は和語「タマサカ」を書くのに漢字列「邂逅」を使うことがあることを示しており、先の例と併せ考えれば、漢字列「邂逅」は和語「タマサカ」にも漢語「カイコウ」にも使われていたと推測できる。これは言い換えれば、和語「タマサカ」と漢語「カイコウ」とが（漢字列「邂逅」をまんなかにして）結びついているとみることができる。つまり「和漢」の結びつきの一つの形式であるといえる。

和語と結びつけることによって、漢語を理解し、漢語の（日本語の語彙体系内における）位置を定めるということは、早くからあったと考えるが、それが「定訓」ということをとおして、はっきりとしたかたちを採ったのが、室町時代頃ではないかと推測する。もちろん漢字を使うということは、漢字を理解するということであり、漢字を理解するということは、漢語（中国語）を理解するということであるので、『古事記』を記し、『日本書紀』を記し、『万葉集』を書きとめたという時点において、そうした営為は始まっていた。

17では漢語「ソゴ（齟齬）」の左振仮名に「ハノクイチガウ也」とある。「ソゴ（齟齬）」という漢語は現代でも使われているが、語義は〈意見や事柄が食い違って合わないこと。行き違い〉（『集英社国語辞典』第三版）と理解されていると思われる。〈意見や事柄〉である。しかし漢字は「ソ」も「ゴ」も歯篇であり、そもそも「食い違う」のは「ハ（歯）」だったことに気づく。あるいは31では漢字列「冷麵」の右振仮名に「ヒヤムギ」とあり、左振仮名には「レイメン」とある。現在では、「ヒヤムギ」と「レイメン」とは異なる食べ物を指しているのだろうが、同じ（ような）食べ物の和名と中国語名であった時期もあるのかもしれない。22では漢字列「薯蕷」の右振仮名に「ヤマノイモ」とあり、左振仮名に「ジョヨ」とある。現在「ジョウヨ（ウ）饅頭」というお菓子がある。「ジョウヨウ」には「上用」という漢字列があてられることもあるが、これは

「薯蕷（ショヨ）」が長音化した「ショウヨウ」に「上用」という漢字をあてたものである。「ジョヨ」「ジョウヨウ」は現在では使わない漢語であるが、「そうかヤマノイモがジョ（ウ）ヨ（ウ）なんだ」という気づきもある。食べ物の話ばかりになってしまったが、『節用集』を丹念に読んでいくと、この時代にどのような食べ物があったかが窺われて興味深い。

名馬の名も見出しに！

イ部畜類門には「生喰（右振仮名イケズキ）馬名又生𪗱」とある。この「生喰」は『平家物語』において、源頼朝が佐々木高綱に与えた名馬の名と思われる。梶原景季《かげすえ》には「磨墨（スルスミ）」が与えられ、佐々木高綱と梶原景季は宇治川でこれらの馬に乗って先陣争いをする。「スルスミ」は先陣争いで後れをとったためかどうかわからないが、見出し項目となっていない。しかし、こうした、文学作品にあらわれる名馬の名も見出し項目とされていることには注目したい。

またリ部畜類門には「龍蹄（右振仮名リウテイ）馬名」とある。『日本国語大辞典』第二版は見出し項目「りょうてい（龍蹄）」の「語誌」欄において「漢籍においては、龍または馬の蹄の意味で用いられていたが、日本では、すぐれた馬、駿馬の意味に変化した。平安時代まではもっぱら漢詩文の中で使用されていたが、院政期には往来物・日記などの記録体の文章にも使われ始め、中世軍記物へと広がって、次第に日常語化していったと見られる」と記されている。

陸機のイヌとは？

ク部畜類門に「黄耳（右振仮名クワウジ）」という見出し項目がある。そこには「晋陸機之犬名也此犬常為書使」（晋の陸機の犬の名なり。この犬常に書使をなす）と記されている。陸機（二六一〜三〇三）は中国の六朝時代を代表する文人で、弟の陸雲とともに「二陸」と称され、また潘岳とともに、「潘陸」と並び称されている。「文の賦」は特に名高い。

『晋書』陸機伝には、陸機が「黄耳」という名の「駿犬」を飼っていて、非常にかわいがっていたことが記されている。陸機が家を離れて都洛陽に来ていて、しばらく故郷から「書信」＝手紙がなかったので、笑って黄耳に「我が家と手紙のやりとりがしばらくないが、おまえは手紙を持って行って、返事をもらってくることができるか」というと、黄耳はしっぽを振って鳴いた。それで陸機が手紙を書いて、竹筒に入れて首にかけてやると、どんどん走っていって、返事をもらってまた帰ってきた。その後はそうすることが常となった、とある。先の記事はこのことを指していると思われる。陸機の故郷と洛陽とはだいぶ離れていると思われるが、それはそれとして、これに類似した記事は、中国の類書である『藝文類聚《げいもんるいじゅう》』にもみられるので、『晋書』あるいは『藝文類聚』の記事がいずれかの時点で、知られ、それが『節用集』に取り込まれたと考えられる。

しかし、それにしても、「伝説の犬」ということでもないが、時空が相当に異なる、三世紀末から四世紀初頭の中国の文人が飼っていたイヌの名前が十五～十六世紀の日本の辞書に載せられているということをどのように考えればよいのだろうか。必要があるか、といえば、必要がないと即答できそうでもある。しかし、右に述べたように、六朝時代を代表する文人についての「情報」はある時代までの日本では、やはり尊ぶべき「情報」であったと考えられる。室町時代は、あるいは「ある時代までの日本」の「下限」かもしれない。例えば、江戸時代の『節用集』である『都会節用百家通《ひやつかつう》』（天保七　一八三六年刊）のク部・カ部・コ部の「気形門」や『江戸《えど》大節用海内蔵《おおせつようかいだいぐら》』（文久三　一八六三年刊）のク部・カ部・コ部の「獣の部」をみても「黄耳」は載せられていない。実はかなり固有名詞を載せる『集英社国語辞典』第三版は、「陸機」も「潘岳」も見出し項目としていない。中国の六朝時代、『文選』の時代は現代の日本からも遠ざかりつつある。

2　見出し項目となっている人物

固有名詞を見出し項目としている辞書は、どのような固有名詞を採りあげているかということに注目するとその辞書のおおよその「編集方針」がつかめることがある。ここでも、『節用集』が見出し項目としている固有名詞、特に人名に注目してみることにする。ただし「人名門」は各部に必ず置かれているわけではなく、むしろこの門を欠く部が少なくない。「義知本」においては、ロ、ニ、ヌ、ツ、ネ、ナ、ム、ノ、マ、フ、メの各部に人名門が置かれていない。

どのような日本人が採りあげられているか

イ部人名門に「猪俣金平六則綱（右振仮名イノマタノコンヘイロクノリツナ）」という見出し項目がある。語釈はない。『平家物語』巻第九の「越中前司最期《せんじさいご》」に「越中前司盛俊は、山の手の侍大将にて有りけるが、今は落つともかなはじとや思ひけん、ひかへて敵を待つところに、猪俣小平六則綱、よい敵と目をかけ、鞭あぶみをあはせて馳来り、おしならべ、むずと組うで、どうぞ落つ。猪俣は八カ国に聞こえたるしたたか者なり」という行りがある。結局、越中前司盛俊は、この猪俣小平六則綱に討たれることになる。『節用集』が見出し項目としている「猪俣金平六則綱」はこの人物のことと思われる。つまり、『節用集』は、『平家物語』の中で、越中前司盛俊を討ちとった人物を見出し項目としていることになる。

ヨ部には「頼朝（ヨリトモ）義経（ヨシツネ）頼政（ヨリマサ）」が並んで見出し項目となっている。室町時代からみれば、先立つ鎌倉時代のことは直近の歴史といってよく、こうした人物の名が見出し項目となっていることと思われる。

コ部には「維行（コレユキ）山田小三郎也」とある。『保元物語』中巻の「白河殿へ義朝夜討チニ寄セラルル事」の行りに、「安芸守ノ内ニ末座ノ郎等、伊賀国ノ住人、山田小三郎是行トテ、限リモナク甲ノ者、ソバヒラ見ズノ猪武者、方カヲナキ若者アリ」とあって、ここに「山田小三郎是行」という身分の高くない武者が登場する。「ソバヒラ見ズ」は〈脇目もふらない向こう見ずの〉、「方カヲナキ」は〈心が一徹で他のことを顧慮しない〉という意味だと考えられている。「維行」と書いてあるテキストもあるので、この人物がコ部にある人物であろう。先の「猪俣金平六則綱」にしても、この「山田小三郎維行」にしても、『平家物語』や『保元物語』をよく読み込んでいる人にしかわからない人物といってよいのではないだろうか。そうした人物にすべての人が目をとめるかどうかはわからないが、ある人の印象に残った人物なのだろう。その「ある人」はこれらの人物を書き留めておきたいと思った。そういう人物が『節用集』の「人名門」には採りあげられていると考える。

ア部には「安阿弥陀佛《アンアミダブツ》［佛工也運慶《ウンケイ》之弟子也］」とある。また、ウ部には「運慶湛慶《ウンケイタンケイ》［本朝佛師也後鳥羽院ノ時人也湛慶ハ運慶カ子也］」とある。「安阿弥陀佛」は快慶のことで、これらの仏工の名は室町時代にはよく知られていたか。また「本朝佛師也」とある「本朝」は日本のことを指しているが、わざわざ「本朝」と記すのは、人名門において採りあげられている人物は、日本人よりも中国人が格段に多いためと思われる。どのような中国人が採りあげられているかみてみよう。

どのような中国人が採りあげられているか

1	白楽天	ハクラクテン	唐朝詩人
2	樊噲	ハンクワイ	漢高祖勇臣也
3	馬遠	バエン	宋朝画工
4	馬驎	バリン	馬遠子画工山林
5	補之	ホシ	元朝人楊ーー也好画梅
6	扁鵲	ベンジヤク	周末戦国之時名医也
7	東坡	トウバ	
8	杜子美	トシミ	
9	陸探微	リクタンビ	宋朝画師也尤画聖賢像
10	李龍眠	リレウメン	宋朝画師字伯時人形馬ヲ画文殊維摩図
11	李安忠	リアンチウ	人形山水雞
12	陸青	リクセイ	人形山水
13	李遵道	リジユンタウ	仙樹竹
14	李迪	リテキ	虎
15	李唐	リタウ	山水牛
16	李月潭	リケツタン	月湖弟子佛像観音

17　李成　リシン　山水
18　劉朴　リウハク　観音
19　李夫人　リフジン　漢武帝夫人也有返魂香故事
20　李白　リハク　唐人
21　王義之　ワウギシ　晋人也尤善書
22　王元章　ワウゲンシヤウ　元人尤画梅
23　王立本　ワウリウホン　元人尤画牡丹
24　王若水　ワウジヤクスイ　元朝画工花鳥
25　王士元　ワウシケン　宋朝画工山水楼閣
26　王默庵　ワウモクアン　宋朝人画人形山水
27　王原　ワウゲン　画馬
28　王堯　ワウゲウ　宋朝画工山水楼閣
29　韓幹　カンカン　唐朝人也尤画馬
30　高然暉　カウネンキ　画工画山水
31　玉礀　ギヨクカン　宋朝僧也画山水馬
32　牧渓和尚　モツケイヲシヤウ　宋朝無準和尚弟子尤工画
33　門無関　モンムクワン　宋朝無準弟子牧渓法眷工画

白楽天や李白のように現在でも知られている人物ももちろん見出し項目となっている。しかし、すぐに気づくのは、「画工」「画師」とある人物が多数採りあげられているということである。そしてそれらの人物は「元朝」「宋朝」の人であることが多い。宋は西暦九六〇～一二七九年、元は西暦一二七一～一三六八年で、室町時代を西暦一三三八年から一五七三年までと考えると、重なり合いの多い中国の王朝は明（一三六八～一六四四）であるが、むしろその前の時代の中国の「情報」が日本に蓄積されつつあったということであろう。

3の「馬遠」は同時代の夏珪とともに、南宋の都である杭州の宮廷画院における十大巨匠の一人として知られている。杭州の川や湖、運河の景色に馴れ親しむ一方で、華北にみられるような山の多い風景を描く絵画の伝統を家業として受け継いでいたとされる。ボストン美術館には対になった「柳岸遠山図」と「梅間俊語図」とが蔵されている。北京の故宮博物院には清の乾隆帝のコレクションとなっていた「華燈侍宴図《けとうじえんず》」が蔵されている。東京国立博物館には「洞山渡水図」と名付けられた絹本墨画（重要文化財）が蔵されており、その他にも伝馬遠作品として、同じく東京国立博物館に「寒江独釣図」（重要文化財）、静嘉堂文庫に「風雨山水図」、MOA美術館に「山水図」（重要文化財）、大徳寺龍光院に「山水図」（重要文化財）が蔵されており、日本にも作品がかなり遺存している。後に述べる東山御物の絵画目録ともいえる『御物御画目録』にも「観音　馬遠」「禅絵　馬遠」「山水　馬遠」などとある。

5の楊補之（一〇九七〜一一六九）は墨で画いた梅＝墨梅で知られる南宋の画家で、愛媛県西条市にある伊曽乃神社には楊補之画とされる双幅の墨梅画が蔵されている。京都の正伝寺《しょうでん》には、李龍眠筆とされる「猛虎図」が伝えられており、江戸時代には若冲がそれを模写したとされるが、10には虎を得意とするとは記されていない。『御物御画目録』の中にも「山水　竜眠」あるいは「寒山十徳　竜眠」と記されており、龍眠の画が早くから珍重されていたことがわかる。

15の李唐は南宋の画院における山水画家の中で、もっとも影響力をもったとされている。北宋の宣和《せんな》画院において「万壑松風図《ばんがくしょうふうず》」（台北故宮博物院蔵）を描き、南宋になってからも「山水図」対幅《ついふく》を描いているが、この「山水図」は現在、京都の高桐院に蔵されている。山口県立美術館には、雪舟が、李唐の「牧牛図」を模写した「倣李唐牧牛図」（重要文化財）が蔵されているが、そこには（当然であるが）牛が描かれている。

22の王元章は科挙に失敗して仕官を断念したが、画業に努め、墨梅の絵で知られるようになったという。「尤画梅」はそうしたことを記したものといえよう。

31「玉磵」、32「牧渓」は、通常は「玉澗」、「牧谿」と書かれる。玉澗（若芬《じゃくふん》）と牧谿（法常）（一二〇七〜一二九一）とは、画院ではなく、西湖の畔の寺院に居寓した。玉澗は天台宗寺院の上天竺寺に、牧谿は律院として知られた六通寺に、起居し、自在な水墨画を描いた。牧谿の画は、入宋僧である円爾《えんに》弁円（一二〇二〜一二八〇）や渡来僧である無学祖元（一二二六〜一二八六）の紹介によって、日本では非常に珍重されたことが指摘されている。牧谿の『瀟湘八景図』は十三世紀末から十四世紀初めの頃に日本に伝えられ、足利将軍家の蔵するところとなり、室町時代には茶会で展観されていたことが指摘されている。日本に現存する牧谿の『瀟湘八景図』には大軸四幅と小軸三幅とがある。

玉澗の『瀟湘八景図』も十四世紀末から十五世紀初めに日本に伝えられ、茶会で展観された。唐物の管理や鑑定を行なっていた能阿弥（一三九七〜一四七一）の「右目録者従鹿薗院殿已来御物御絵注文也／能阿弥撰術之」という奥書が記されている『御物御画目録』は、鹿薗院《ろくおんいん》、足利義満以来の将軍家所蔵の中国絵画のリストのようなもので、中国絵画九十点が記録されている。この『御物御画目録』の写本が現在東京国立博物館に蔵されており、九十点のうち、牧谿の作品が三十六点を占めており、その画像がウェブ上に公開されている。先に述べたように、馬遠や（李）龍眠の作品も記録されている。

独立行政法人文化財研究所主任研究官であった井手誠之輔は「猿鶴の鳴き声が響きわたる渓谷で坐禅する白衣観音の姿に、居士禅に走る文人士大夫たちの姿を重ねる『観音猿鶴図』（京都・大徳寺蔵）や、江南山水画の伝統をふまえた『瀟湘八景図』《しようしようはつけいず》（根津美術館など蔵）には、画院の絵画にはみられない牧谿の鋭い自然観察がうかがわれ、高度な水墨技法が駆使されている。また玉澗の『瀟湘八景図』（出光美術館など蔵）では、胸臆《きようおく》に映じた一瞬の光景が、選びぬかれた水墨のコントラストとわずかな線描をとおして画面に表現されており、いずれも当時の仏教世界における高い精神性を吐露した作品となっている」（『故宮博物院』第三巻「南宋の絵画」七十七ページ）と指摘している。

信長の好んだ「菓子の絵」

『信長公記』の永禄十三（一五七〇）年三月五日の条には、信長による二回目の「名物狩り」が行なわれたことが記されている。記事から、天王寺屋（津田）宗及《そうぎゅう》から「菓子の絵」を、松永弾正（＝松永久秀）から「鐘の絵」を召し上げたことがわかる。「菓子の絵」は北宋の花鳥画家で蔬果《そか》や草虫を画くことに巧みであったとされている趙昌（生没年未詳）の作品、「鐘の絵」は牧谿の「煙寺晩鐘」であったと考えられている。

煙寺晩鐘は、瀟湘八景の一つにあたる。この牧谿の絵は現在は畠山記念館に蔵されているが、画面左隅に「道有」の鑑蔵印がおされており、足利義満の愛蔵品であったことがわかる。この画は、義満から松永久秀にわたり、右にあるように織田信長に譲られ、さらに徳川家康、紀州徳川家、さらには加賀の前田家へと伝来したことがわかっている。「華麗なる経歴」といってよいだろう。

『仙茶集』という茶に関する書物に「御茶湯道具目録」と題する覚え書きが収められていることを桑田忠親が『武将と茶道』（講談社文庫、一九八五年）において指摘している。桑田忠親によると、この覚え書きは、信長の右筆である楠長諳《ちょうあん》が、信長の命によって、天正十（一五八二）年六月一日に島井宗叱《そうしつ》に披露する信長所持の名物茶器三十八種の目の変が起こっている。信長は、この披露のために、この三十八種の名物茶器を安土から本能寺に運びこんでいた。その三十八種の中に、趙昌の「菓子の絵」が含まれており、信長お気に入りの画であることがわかる。

『言継卿記』の六月一日の条には、「前右府へ礼ニ罷向了、見参也、進物者被返了」とまず記されている。「前右府」は前の右府＝右大臣兼右近衛大将のこと。信長は天正六（一五七八）年四月九日に右大臣、右近衛大将を辞任しているため、このように呼ばれている。「参会衆者」の名が記されているが、錚々たるメンバーといってよい。五摂家すべて及び、摂家に次ぐ清華家（＝大臣・大将を兼て太政大臣になることのできる家）七家のうちの久我《こが》、西園寺、徳大寺、花山院、今出川の五家が含まれている。

堺の商人で、早くから利休について茶を学び、織田信長、豊臣秀吉に仕えたが、天正十一年十月に秀吉の怒りをかって扶持を離れた山上宗二《やまのうえそうじ》が、天正十六年から十八年の頃に伝書形式で著した『山上宗二記』という茶書がある。現在では岩波文庫に『山上宗二記』として収められているのでここでもそれを使う。この書には、足利義政、能阿弥、珠光の三人によって「茶の湯」が始まったという歴史、その後の茶人、名物道具、茶の湯の心得などが記されている。名物道具は、現存していない名物茶器も記されていて、「御絵の次第」の一番目には「趙昌　菓子の絵　惣見院殿御代に失い申し候」とある。秀吉が自身の養子としていた信長の四男である秀勝をたてて大徳寺で行なった信長の百日忌で命名された信長の法名が「惣見院殿（総見院殿）」である。この記事をもって、本能寺の変の折に、趙昌の「菓子の絵」が焼失したとみることもあるが、ここに記されているのは、信長時代になくなった、ということとみるのがまずは自然なみかたであろう。

この「菓子の絵」には「青漆の盆に枇杷《びわ》、桃、蓮、楊梅、中の瓜、以上五種」が描かれていたと記されている。「菓子」の「菓」は〈くだもの、果実〉のことであるが、現在の日本では〈くだもの〉には「果」字を使い、「菓子」は加工されたものをさしている。「中の瓜」は絵の中心の瓜ということであると解されている。山上宗二はこの絵について「御茶湯の絵の頂上とは、この五種の菓子の絵の事なり」と絶賛している。

切断された玉澗の『瀟湘八景図』

また、『信長公記』の天正四（一五七六）年七月一日の条には、左に掲げるように、安土城普請の功績によって、名物「市の絵」が惟住《これずみ》五郎左衛門（丹羽長秀）に下賜され、秀吉は大軸の絵を所望して、両人とも名物を所持することができたことが記されている。

七月朔日より、重ねて、安土御普請仰せつけられ、何れも粉骨の働きに依つて、或は御服、或いは金銀、唐物拝領、其の数を知らず。今度、名物、市絵、惟住五郎左衛門、上意を以て、めしおき申され、大軸の絵、羽柴筑前、取り求められ、両人名物所持仕られ候事、御威光有りがたき次第なり。

「市絵」は玉澗の『瀟湘八景図』の一つである「山市晴巒図」のこと、「大軸の絵」は牧谿の「山市《さんし》晴巒《せいらん》図」のことだと考えられている。長谷川等伯（一五三九〜一六一〇）の『等伯画説』によれば、玉澗の『瀟湘八景図』は足利義政の時に八つに切断されたとされている。玉澗の『瀟湘八景図』は足利将軍家のコレクションである東山御物の名品として知られており、「山市晴巒図」は、橋や旅人、山間の集落を濃墨の速筆で簡略に描き、山の周囲の大気の動きを墨の濃淡によって表現しており、現在出光美術館に蔵されている。現存している玉澗の『瀟湘八景図』は、右の「山市晴巒図」の他には「洞庭秋月図」（文化庁蔵）、「遠浦帰帆図」（徳川美術館蔵）のみであるが、先にふれた『山上宗二記』には玉澗の『瀟湘八景図』の画讃（＝絵の余白に書き添える詩文）がすべて掲げられており、山上宗二は八つの図をすべて見ていることがわかる。

右に挙げたような中国の画工の作品にふれ、それらの画工がどのような作品を得意としているかを熟知しているような人物が、『節用集』の成立にかかわり、『節用集』を写していたと考えるのが自然であろう。大学の授業などでは、もっぱら言語進退門にあたり、そこにどのような語が収められているかについて調べることが多い。それはそれで、『節用集』の（現代における）使い方の一つであるが、『節用集』全体に目を配り、『節用集』を「よむ」ことで、室町時代の日本文化が具体的なイメージをもって浮かんでくるということもありそうだ。特に「情報」の連鎖は興味深い。次には『節用集』が見出し項目として採りあげている語について少し検証してみよう。

3　こんな語も見出し項目に

同訓異字に敏感になっている

イ部言語数量門には次のような見出し項目がある。

1　潔（右振仮名イサギヨシ）　清（右同）浄（右同）
2　痛（右振仮名イタム）　傷（右同）悼（右同）

もっとも自然に考えれば、1においては、「清」字「浄」字にも「イサギヨシ」という振仮名を施すことができる、つまり「清」「浄」両字も「イサギヨシ」という訓をもっていると理解することができる。同様に、2においては、「傷」「悼」両字にも「イタム」という訓がある、とみることができる。これは一見すると「同訓異字」という現象を示しているものにみえる。しかし、これは「同訓異字」を示したものなのだろうか。

まず「同訓異字」を定義しておきたい。「同訓」はもちろん「同じ訓」で、「異字」は「異なる漢字」であろうから、「同訓異字」は「同じ訓をもっている異なる漢字」ということになる。その場合の「同じ訓」ということについてさらに考えておきたい。英語「foot」にあたる和語「アシ」と、英語「reed」にあたる和語「アシ」とは発音はともに「アシ」であるが、語義が異なる。現代においては、こういう場合は「同訓異字」とは呼ばない。つまり、「同訓」は同じ発音ということではなくて、同じ語ということを含意していると思われる。しかし、語Xと語Yとが同じ語か別の語かということは、案外と判然としていない。漢字「映」をあてる「ウツス1」と、漢字「移」をあてる「ウツス2」、漢字「写」をあてる「ウツス3」は同じ語なのか別の語なのか。例えば『集英社国語辞典』第三版では、「ウツス1・3」を一つの見出し項目とし、「ウツス2」をまた別の見出し項目としている。その一方で、『明鏡国語辞典』携帯版（二〇〇三年、大修館書店刊）は「ウツス1」「ウツス2」「ウツス3」をそれぞれ見出し項目としている。異なる語に異なる漢字をあてるのは当然のことなので、『明鏡国語辞典』携帯版のようにみれば、これは「同訓異字」という枠組みには入らないことになる。等しく現代に出版されている国語辞書においても判断が異なるのだから、現代の日本語使用者の判断も同様に「揺れている」と思われる。

そもそも、「同じ訓をもっている異なる漢字」が取りざたされるのは、「同じ訓」＝「ある一つの和語」に漢字をあてるということを考えた時に、どういう場合にどの漢字を使うかということを知りたいと思う人がいるためであろうか。

2に関していえば、『明鏡国語辞典』携帯版は、「いたむ〔痛む・傷む〕」という見出し項目と「悼む」という見出し項目とをたてている。前者の内部はさらに「体に苦痛を感じる」（痛）「心に苦痛を感じる」（痛・傷）「器物や建物などが損なわれる。また、野菜（特に、果物）に傷がつく。損傷する」（傷）「食べ物が腐る」（傷）と分けられている。「悼む」の語義は「人の死を嘆き悲しむ。哀悼する」と記されている。

現代においては、「同じ訓をもっている異なる漢字」＝「同訓異字」の「漢字をどう使うか」ということに「敏感になっている」ように感じる。これを逆に、「同じ訓をもっている」のだから、どの漢字を使っても、「同じ訓」にたどりつくことができる、と考えることもできる。例えば、「痛」「傷」「悼」三字ともに「イタム」という訓をもっているのだから、「イタム」という和語を書くのに、どの漢字を使ってもよいと考えるということである。「痛」「傷」「悼」字は異なる漢字なのだから、少なくとも中国語においては、漢字字義が異なる。しかし、その漢字字義の異なり、差を問題にしないということである。これは「日本的漢字使用」といってよい。それに対して、複数の漢字をそもそもの漢字字義に従って使おうとするのであれば、それは「中国的漢字使用」ということになる。それはそれで一つの「態度」といえる。日本語を書くためではあっても、漢字を使うのだから、中国語規範に従って漢字を使おうとするのは「正当」な態度である。

しかし、現在いうところの「同訓異字」はそうでもない。例えば浅田秀子『漢検・漢字ファンのための同訓異字辞典』(二〇一二年、東京堂出版刊)をみると、「オカ」の「使い分けマニュアル」に「「丘」は小高い土地を表す場合に。「岡」は現在では固有名詞と接頭語の場合に。「陸」は水のない所の意の場合に」と記されている。「岡」は平成二十二年の「常用漢字表」の改定に際して加えられているが、岡山県、静岡県、福岡県に使われているから加えられたようなもので、例の欄には何も記されていない。つまり、「常用漢字表」に従えば、現在は「小高いオカ」の「オカ」には「丘」の字を使うのが正則で、こういう場合には「岡」は使わないということになる。先の「固有名詞」はそうしたことをふまえていると推測される。「接頭語」は「局外の場所」を意味する「岡惚れ」や「岡目八目」の「岡」を指していることが『漢検・漢字ファンのための同訓異字辞典』の記事からわかるが、それは「漢字本来の意味ではない」とわざわざ記されている。

現代日本語を母語とする筆者の「感覚」では「小高いオカ」の「オカ」に漢字「岡」を使うのはそれほど不自然ではないが、「常用漢字表」はそのような使い方を「勧めてはいない」。「オカボレ」や「オカメハチモク」の「オカ」は〈そば、かたわら〉という語義で、漢字「岡」の字義である〈みね〉とはまったくかかわりがない。つまり「当て字」といってよい。そうすると、『漢検・漢字ファンのための同訓異字辞典』は「オカ」が〈小高い土地〉という語義である場合には「丘」字を使い、そうでない場合に

「岡」字を使うといっているわけで、これは「中国的漢字使用」ではまったくない。

日本語を書きあらわすために漢字を使うのだから、その使い方が中国語での使い方とまったく同じでなくてももちろんいいし、ずっと漢字を使ってきているのだから、そうした中で、中国語での使い方と異なる「日本的漢字使用」がうまれるのは当然である。だから、「日本的漢字使用」をやめましょうという主張をしようとしているのではない。そうではなくて、「同訓異字」というくくりかたに従って、幾つかの漢字をくくると、ではその「幾つかの漢字」をどう使うかということが気になってくる。気になるから、こういう場合にはこの漢字、こういう場合にはこの漢字ということを決めたくなる。ずっと漢字を使ってきている中で、誰もがそのようにしているという使い方があれば、そうすればよい。多くの人の納得が得られるし、違和感もない。しかし、すべての場合について、「誰もがそのようにしているという使い方」が確立しているわけではない。その場合は、自由に漢字を使えばいいのではないだろうか。この場合は漢字X、この場合は漢字Yと、誰かが主張したとしても、その主張が浸透し、多くの人に共有されていなければ、その使い方はさほど意義をもたない。

「縄」と「ホム」とが結びつく？

『節用集』に話を戻そう。先に掲げた1・2のような形式で、一つの訓の下に複数の漢字が挙げられていることが少なくないので、そうした例をもう少し示しておきたい。

1・2とは変えて、共通する訓をまず挙げて、その下に置かれている漢字を並べる形式で示すことにする。

3　イマシム　戒・誡・警・禁・肆・謹・謀
4　イツクシ　慈・悲・愍・仁・肅・喩・恩・宗・恵・戀・厳・崇
5　ハジメ　始・初・上・頭・首・況・方・落
6　ニホウ　匂・薫・芬・馥・芳・氳・菲
7　ホム　褒・讃・嘆・縄・美・誉・賛・娘・頌・声
8　トガ　咎・過・瑕・尤・失・殃・科・罪
9　ワビシ　醍・侘・傺・惆・悩・憀・佇
10　カカヤク　耀・暉・煇・輝

3の「肆」字は、現在では漢語「ショシ（書肆）」に使うぐらいであまり使わない漢字なので、「イマシム」とどのように結びつくのかがわかりにくい。『大漢和辞典』を調べてみても、まっさきに挙げられている字義は〈ほしいまま・わがまま〉ということで、もちろん〈店〉という字義もあるが、「イマシム」とすぐに結びつくような字義は記されていない。右には誤写が含まれている可能性もあるので、今ここで挙げられている一つ一つの漢字が、上部に示した訓とどのように結びつくのかという検証をすることはしないが、いずれにしても、ずいぶんと多くの漢字が挙げられている。7では「縄」が「ホム」＝現代語「ホメル」とどう結びつくのかと思われた方がいるかもしれないが、『大漢和辞典』には〈ほめる〉という字義があることが記されている。その一方で、「娘」字が「ホム」と結びつくことは『大漢和辞典』の記事からはわからない。先に述べたように、書写を繰り返して成立しているテキストであるので、その書写のプロセスで、字を取り違えたという可能性はある。しかし、現代刊行されている大規模な漢和辞典では確認できないからといって、誤写であると決めつけるわけにはいかないと考える。現代人がすべてを知っているわけではない。そうすると、幾分かの誤写の可能性は含みつつ、やはり、この時期＝室町時代の漢字使用、漢字理解は、現代とはくらべものにならないくらい広がりをもっていたとみておくのがよさそうだ。

10の「カカヤク」は現在は「カガヤク」と発音するが、室町時代には「カカヤク」と発音されていたと思われる。さて、「カカヤク」という訓をもつ漢字が四つ掲げられている。

ワ部言語進退門には「沸（右振仮名ワク）湯ノ―　湧（右振仮名ワク）水ノ―　涌（右振仮名ワク）泉ノ―」という、三つの見出し項目がみられる。ここでは、「沸」「湧」「涌」という三つの見出し項目をたて、それぞれが「湯」「水」「泉」の場合に使われるということを示しており、これは『節用集』の時点でのいわば「使い分け」を示したものとみることができる。あるいはト部言語進退門には「礪（右振仮名トグ）磨（右振仮名同）―鏡　鋭（右振仮名同）―刀」とある。これは「礪・磨・鋭」三字はいずれも「トグ」という訓をもつが、「磨」字は鏡の場合に、「鋭」字は刀の場合に使うという、「使い分け」を示した記事と思われる。

このような形式と右に拾い上げた形式とが排他的なものであるとみてよいとすれば、右に拾い上げた形式は、やはり漢字字義の異なり、使い方よりも、「同じ訓」であることに着目した見出し項目といえよう。

さて、『漢検・漢字ファンのための同訓異字辞典』は「ワク」に関して「沸」「湧」の二字を示した上で、「使い分けマニュアル」では「「沸く」は熱くなる場合に、「湧く」は液体があふれ出る場合に」と説明する。『節用集』には「沸・湧・涌」三字が示されていて、そのいわば違いが説明されているのに対して、こちらでは二字しか示されていない。『漢検・漢字ファンのための同訓異字辞典』は二字を示し、その二字の違いを「熱くなる場合／液体があふれ出る場合」と説明しているわけだが、もう一字「涌」があると、「液体があふれ出る場合」に該当する漢字が二つあることになって、この説明では「使い分け」を説明しきれなくなる。見逃されやすいことであるが、「同訓異字」を考える場合には、どのような範囲でそれを考えるかということが大きな前提となっている。

現在であれば、おおよそは「常用漢字表」に載せられている漢字を対象として、その漢字が、認められている訓の範囲で、ということになるだろう。「湧」字は平成二十二年の改定で新たに加わった字であるので、右のような説明をしているのだろうが、それまでは「ワク」という訓をもっている字は「沸」字のみだったので、「常用漢字表」の範囲内では、「ワク」をめぐって「同訓異字」ということがらは成立していなかった。（そういうことはないだろうが）もしも、今後「涌」字が「常用漢字表」に加えられた場合は、右の説明は通用しなくなり、また別の説明を考える必要がでてくる。その「説明」は『節用集』と同じような説明になるかもしれない。

それはそれとして、「使い分け」は使う漢字の範囲が決まっていて、初めて成立すると考える。例えば6の「ニホウ」では、漢字が七つ挙げられているが、この七つの漢字をどう「使い分け」るかということを考えるだろうか。「ニホウ」という日本語の語義が七つに分かれていればちょうどよい。しかし、そうでもなかった場合、わかりやすくいえば、日本語の「ニオウ」を書くのに、漢字は七つも必要ないということになるだろう。『節用集』は「同訓異字」ということを考えるのに、重要な観点を教えてくれているともいえる。

ハタメクにどのような漢字をあてるか

『集英社国語辞典』第三版は見出し項目「はためく」の語釈を「(風に吹かれて)旗などが翻ってはたはたと音をたてる」と記している。小野正弘編『日本語オノマトペ辞典』(二〇〇七年、小学館刊)においては、「ハタハタ」を「①続けざまに打ち合わせる音。

また、そのさま」「②団扇を使ったり、旗などがあおられたりしてたてる音。鳥のはばたく音。また、そのさま」と説明している。「ハタメク」の「ハタ」はこの「ハタハタ」の「ハタ」であり、「ハタメク」はオノマトペ（音象徴語）を基にしてできた語ということになる。オノマトペは漢字で書きにくい。

ハ部言語進退門をみると、「蟲」は「虫」を三つ重ねたかたちをしているが、この「虫」のかわりに「動」を三つ重ねたかたちをしている漢字〓に「ハタメク」という振仮名が施されている。その下には「焱」字が記され、振仮名の位置に「同」とある。少し離れたところに、「磕」字が置かれ、この字にやはり「ハタメク」と振仮名が施されており、さらに下に「焱」「爆」字が書かれている。「焱」は重複していることになるし、また同じ「ハタメク」という振仮名をもつ漢字群が離れたところにあることは、「義知本」の成り立ちが複雑であることを窺わせるが、それはそれとして、結局「焱」「磕」「爆」と漢字〓が「ハタメク」にあてることができる漢字ということになる。

「焱」字の字義は「火の盛にもえあがるさま」で、和語「ハタメク」の語義とは直接的には結びつかないと思われる。「磕」字字義は「二つの石の打ち合う音」で、直接的には「ハタメク」と結びつかないが、それが「ハタハタ」という音だと考えれば、結びつかなくはない。しかし、いずれにしても、日本語のオノマトペをあらわす漢字一字はなかなか考えにくいのであって、結びつきにはそれぞれ何らかの「飛躍」を含むと思われる。ちなみにいえば、『集英社国語辞典』第三版は「ハタメク」を書く漢字を示していない。

ト部言語進退門には「トロトロ」に漢字列「土漏々々」をあてた例、ヲ部言語進退門には「ヲロヲロ」に漢字列「下疎々」をあてた例、ソ部言語進退門には「ソロソロトナガル」に漢字列「小流々々流」をあてた例、ツ部言語進退門には「ヅダヅタ」に漢字列「三々」をあてた例、ム部言語進退門には「ムズト」に漢字列「無手」をあてた例、サ部言語進退門に「サメザメトナク」に漢字列「潸々泣」をあてた例などを見出すことができる。

ここまで室町時代に成立した辞書である『節用集』を「よむ」ことによって、室町時代の日本語がどのようなものであったか、またひいては室町時代の日本文化がどのようであったかについて考えてきた。『節用集』が、漢字で書かれた語句を見出し項目としているということからすれば、漢字ということに関心が高いことが窺われる。また見出し項目としてどのような語を採りあげているかということについてもさまざまな観点から検証をしてきたが、例えば、人名門において、きわめて多くの中国人名を見出し項目としていることなどから、やはり中国文化への関心の高さが窺われるといってよいだろう。しかし、その一方で、左右両方に振仮名が施されている見出し項目が少なからずみられることからすれば、日本語においては、和語と漢語との結びつきが安定し始めた時期、そうした意味合いにおける「和漢融合」が進んだ時期とみることができる。

辞書が「ことばを映す鏡」であるというのが、『三省堂国語辞典』の初代編集主幹であった見坊豪紀《けんぼうひでとし》の信条であったというが、そのように考えた時、『節用集』は室町時代の日本語・日本文化を映す「鏡」としてとらえることができる。現代の日本語・日本文化と対照した場合、日本語という面でいえば、やはり漢語・漢字についての理解の深さ、ひろがりにおいて、相当の隔たりがある、とみておく必要がある。そして、日本文化という面でいえば、中国文化に対する理解の深さ、ひろがりにおいて、同様の隔たりがあるとみなければならない。それがよくないと述べようとしているのではない。そうした状況が室町時代から現代までのプロセスの中で形成されたということを、少なくとも知っておく必要があるのではないかということである。

どのような言語も時間の経過とともに変化する。それは言語が内包している「宿命」といってもよい。そして、その変化の方向はコントロールできない。しかし、教育をとおして言語が向かう方向が結果的にコントロールされていると感じることがある。義務教育のどの場面でも、いわゆる「旧漢字」と呼ばれている漢字字体とほぼ重なり合う「康熙字典体」を教えなければ、そして日常生活において使われなければ、「康熙字典体」はわからなくなっていく。今の大学生は急速に「康熙字典体」がわからなくなっている。「常用漢字表」は「康熙字典体」とのつながりを示そうとしている。しかし、現在日本語を使っている人がつねに「常用漢字表」をみながら言語生活を送っているわけではない。明治期以前の文学作品を活字化する場合には、漢字を「常用漢字表」に載せられている字体に置き換えることはごく一般的に行なわれている。そうしたテキストばかりになってしまえば、「康熙字典体」を知る必要も稀薄になる。「それでいいじゃないか」という考え方もあろう。そう考えているからそうなっているともいえるだろう。しかし筆者などは「それでいいのだろうか」と思う。何事もバランスが大事である。だから、いたずらにすべて「康熙字典体」に戻せ、と主張するつもりはまったくない。効率も大事である。しかし、それもほどほどのバランスの中で、追求するのがいいだろうし、筋が通っていることも大事だ。筋の通らない、あるいは筋を考えない、その場の対応を積み重ねていくと、全体は不可解なものとなっていく。そういうことを恐れる。『節用集』を読んでいるとそういうことを強く思うというと、大袈裟に聞こえるかもしれないが、虚心坦懐に過去の日本語、過去のテキストに向かい合うと、思いの外多くのことに気づく。

第三章

宣教師の時代の日本語

本書を読んでくださっている方のほとんどが、日本史の教科書でザビエル（Francisco de Xavier）（一五〇六～一五五二）の肖像画を御覧になったことがあるだろう。一五四九年に来日して日本にキリスト教を伝えた人物としてよく知られている。ちなみにいえば、この肖像画はザビエルの列聖（一六二二年）以降に礼拝画として描かれたと考えられており、大阪府茨木市の旧家から大正八（一九一九）年に発見された。茨木市の山間部はキリシタン大名であった高山右近が治める高槻藩の領地であったために、キリスト教禁教の時期にキリスト教を信仰する人々が潜伏していたことがわかっている。

ザビエルが来日した十六世紀の半ばから十七世紀前半までの百年ほどの間に多くのキリスト教宣教師が来日している。宣教師たちは日本において布教活動をしたわけだが、それに伴って、さまざまな文献をつくっている。そうした文献のことを「キリシタン文献」あるいは「キリシタン資料」と呼ぶ。

宣教師たちは、大名など有力な武将と接触をし、南蛮の文化や技術などを紹介しながら布教活動を行なった。大名の中には、キリスト教の理念に惹かれて、あるいは南蛮貿易の利に惹かれて洗礼を受ける者があらわれ、キリシタン大名と呼ばれた。有名なキリシタン大名として、大友宗麟、大村純忠、有馬晴信、高山右近、小西行長、蒲生氏郷などがいる。二〇一四年のＮＨＫ大河ドラマ『軍師官兵衛』の主人公である黒田官兵衛（如水）もキリスト教に入信し、ドン・シメオンという洗礼名を授かり、「Simeon Josui」というローマ字印を用いたことが知られている。大友宗麟は「IHS FRCO」（宗麟の洗礼名フランシスコに由来）、黒田官兵衛の子黒田長政は「Kuro NGMS」であった。

織田信長はキリスト教に好意的で、秀吉は一五八七年に「バテレン追放令」をだしたものの、キリスト教そのものについての弾圧はしていないとのみかたがあり、徳川家康も当初はキリスト教を黙認していたと考えられている。しかし、有馬晴信が関係した疑獄事件である岡本大八事件が一六一二年に起こり、関係者がキリシタンであったことから、家康もキリスト教の禁止を諸大名、幕臣に通達し、一六一三年には金地院崇伝によって「排吉利支丹文」がつくられ、キリスト教の信仰禁止が明文化された。これ以降はキリスト教の弾圧が行なわれるようになる。そうしたことが関わると思われるが、日本国内には「キリシタン文献」がほとんど残されていない。そのため、「キリシタン文献」を実際に目にする機会は限られている。

布教と出版

「キリシタン文献」には手で書かれた写本がもちろん含まれるが、ここでは日本において印刷出版された文献をおもに紹介していくことにしたい。現在では、「大航海時代に於ける宣教に伴って生じた「ラテン文法と、それと全く系統関係に無い言語との史上初の邂逅」」を研究対象とする「宣教に伴う言語学」（Missionary Linguistics）が国際的な展開をし始め、また多くの成果をあげている。豊島正之編『キリシタンと出版』は、そうした「宣教に伴う言語学」という観点からの新知見が盛り込まれた好著といってよい。本書のこれ以降の記述もこの『キリシタンと出版』に多くを負っていることをここに明記しておきたい。

ルイス・フロイスが一五八四年十二月のイエズス会総長あての書簡で、「目下のところ日本イエズス会には次の二件が緊急事と存ぜられる。その一つは印刷機を具備することで、それは日本に来朝した神父・神弟が各自勉強に必要な日本文典、辞書、カテキズモ及びその他のものを転写せねばならぬことは余りにも過重にすぎ、筆写に生涯を空費させないためである。印刷機はセミナリオにとってもまた大いに助けとなるであろう」と述べていることが指摘されている。

「カテキズモ（CATECHISMVS）」はキリスト教の教理指導書のことで、「公教要理」と呼ばれることがある。「セミナリオ（seminario）」はイエズス会の教育機関で、学林、学院などと訳されることがある。

印刷のための機械は、天正十八（一五九〇）年にキリシタン大名有馬晴信の所領である加津佐（現在の長崎県南島原市加津佐町）のコレジオに置かれた。しかし、秀吉によるキリスト教弾圧傾向を感じ、翌年にコレジオを加津佐から天草河内浦《かわちうら》（現在の熊本県天草市河浦町）に移転する。この時に印刷機も天草に運ばれ、以後の六年間は天草で多くの出版物が印刷されることになる。加津佐で印刷されたテキストは加津佐版と呼ばれ、天草で印刷されたテキストは天草版と呼ばれる。このコレジオ移転には天草領主天草久《ひさ》種《たね》（ドン・ジョアン）の招致があったことが指摘されている。このことについてルイス・フロイスは次のように述べている。

これらのキリシタンの殿たちの堅忍がいかに多大であったかをよく理解するためには、彼らが（次のように）期待していた（事実）を知らねばならない。すなわち、これらの殿は、関白殿の命令に反して、我ら（イエズス会員）をその領地に匿うことによって、自らの生命、および自領を大いなる危険に曝していたにもかかわらず、（関白殿は）このたびの使節（の来訪）によって、（せめても）巡察使が到着するまでは（キリシタンに関して）素知らぬ風を装っていたが、ついに巡察使が遣わされれば、我ら（イエズス会員）を以前の自由（な身分）に戻してくれはしないかとの意見が増大していた（ということであった）。ところが今や関白殿は、この使節が到着した後（になっても）、事態はそうはならず、我ら（が日本に留まること）を許さぬのみか、日本に残留する者はことごとく処刑し、我らの聖なる教えを根絶すると（まで）言っているのである。そのうえ我らの仲間は、使節を仕立てた科《とが》で最近告訴されており、我らがその領地に留まるのが危険なことは、なおいっそう明白である。それにもかかわらずこれらの殿は我らを退去させることには同意しなかった。

だが司祭たちには、大勢の（イエズス会関係）者たちを人々の往来の頻繁な場所に置くのは非常に危険なことに思われたので、これらの殿たちは学院《コレジオ》と修練院を撤去して、それらを天草に移させるようにと強く要請するところがあった。（この件について）（有馬）ドン・プロタジオが断固として同意しなかったので、ついに巡察使が自ら有馬に出かけてドン・プロタジオを説得せざるをえなかった。ドン・プロタジオはようやくのことで、学院を天草に移転させることを諒承したが、せめて神学校は自領に残すことを条件にした上でなければ、決して同意しようとはしなかった。同じように大村殿も、修練院の天草移転を諒承したが、ただし、（領内の）キリシタン宗団の世話をしていた司祭たちのほかに、日本語を学習していた司祭たちも、大村に残留することを条件とした上でのことであった。

これらのことを決めた後、巡察使はこのことを、学院、修練院、神学校まで己が領内に移転させるよう懇望していた天草ドン・ジョアン（久種）殿に報告した。これは天草殿がこの隠匿地〔ここも我らは骨折って造営する必要があった〕を提供して、限りない愛情をもって司祭たちを受け入れるためだけでなく、天草殿自身と（小西）アゴスチイノとの間の平和が、よりいっそう固められるためにもなった」（一五九二年十月一日付フロイス一五九一、九二年度日本年報、『十六・七世紀イエズス会日本報告集』第一期第一巻、二五一～二五二ページ）。

ドン・プロタジオは有馬晴信の、アゴスチイノ（アウグスティヌス）は小西行長の洗礼名。印刷機が加津佐の学林に設置されるとすぐ、天正十九（一五九一）年には『サントスの御作業の内抜書』二巻一冊、七百ページ余が印刷されている。『サントスの御作業の内抜書』は省略して『サントスの御作業』と呼ばれることもあるので本書においても以下ではそのように呼ぶことにしたいが、十二使徒の話を初めとした四十ほどの聖人伝で、殉教の意義などが説かれている。**図5**は『サントスの御作業』のタイトルページである。『サントスの御作業』（一九七六年、勉誠社刊）から引用させていただいた。「サントス／の御作業の／うちぬきがき／巻《くわん》第一」と絵の上に記され、絵の下には「肥前の国高《たか》来《く》の郡《ぐん》／イエスのコンパニアのコレジオ／加津佐においてスペリオレスの御ゆるしをかう／むりこれを版となすものなり。御出世以来／一五九一」と記されている。「コンパニア

SANCTOS
NOGOSAGVEONO
VCHINVQIGAQI
quan dai ichi.
FIIENNOCVNITACACVNOGVN
IESVSNOCOMPANHIANOCOLLEGIO
M D L XXXXI.

図5　『サントスの御作業』タイトルページ

（COMPANHIA）」は修道会のこと、「コレジオ（COLLEGIO）」はキリスト教宣教師養成のための神学校のことで、イエズス会東インド巡察使ヴァリニャーノによって一五八〇年に豊後府内に設立された。「スペリオレス（Superiores）」は長老たちのこと。「御出世」はキリストの出生のことで、「一五九一」は西暦に相当する。「キリシタン版」には日本語をラテン文字で書いた「ローマ字本」と平仮名、漢字交じりで日本語を書いた「国字本」とがあるが、この『サントスの御作業』はローマ字本であった。

ラテン文字の活字は天正遣欧少年使節によって、印刷機械とともに加津佐に持ち込まれているので、機械の設置とともに印刷ができたのは自然なことといえる。しかし、一五九一年十月六日付の、マニラのイエズス会院長にあてたヴァリニャーノの書簡には「本年日本語で種々の書物が印刷された。日本語を習う西欧人たる我々に大いに役立つローマ字本及び信者用国字本が印刷された。これらのローマ字本及び国字本は、印刷機がなかったので、今までなかったのである。かくて、信者に必要にして適切な事柄を盛り込んだ問答体の『どちりな』が印刷された」と記されていることが指摘されており、この時点で、すでに国字本の『どちりいなきりしたん』は完成していたと思われる。この『どちりいなきりしたん』はジョルジョ（Marcos Jorge）の『Doctrina Christão』を翻訳底本としたものと目されており、現在はバチカン図書館に蔵されている一本のみの存在が知られている。

図6は『どちりいなきりしたん』の冒頭部分である。『どちりいなきりしたん（バチカン本）』（一九七九年、勉誠社文庫55）から引用させていただいた。一六〇〇年には長崎において、『どちりなきりしたん』と題されたテキストが印刷出版されている。現在はローマのカサナテ図書館（Biblioteca casanatense）に所蔵されている一本が知られているのみである。出版年が異なることから、『どちりいなきりしたん』を前期版、『どちりなきりしたん』を後期版と呼ぶことがある。両者には異なりがある。図7として、後期版『どちりなきりしたん』の扉ページ、図8として冒頭部分を示したので、対照していただければと思う。

豊島正之は先に紹介した『キリシタンと出版』において、「キリシタン版の印刷開始当初（一五九一年）の活字は、ラテン文字・仮名・漢字活字の全てが、天正少年使節が欧州で入手してプレス印刷器と一緒に日本に持ち帰ったものである。つまり、最初のキリシタン版印刷のハードウェアは、印刷機・活字共に完全に欧州製で、日本製なのは紙（と恐らくインキ・墨）だけである。こうした、欧州からの輸入活字のみに頼る出版の時代が、「前期キリシタン版」である」（一三六ページ）と指摘している。そしてさらに、天正遣欧少年使節が訪問した都市の中で、当時、印刷技術の高さが知られていたベネチアにおいて活字が発注されたのではないかと推測する。また、活字の版下を書いた人物を、天正遣欧少年使節随行の（日本名不明の日本人）ジヨルジエ・デ・ロヨラだと推定している。推定のプロセスは緻密で、きわめて興味深い。ちなみにいえば、豊島正之は、

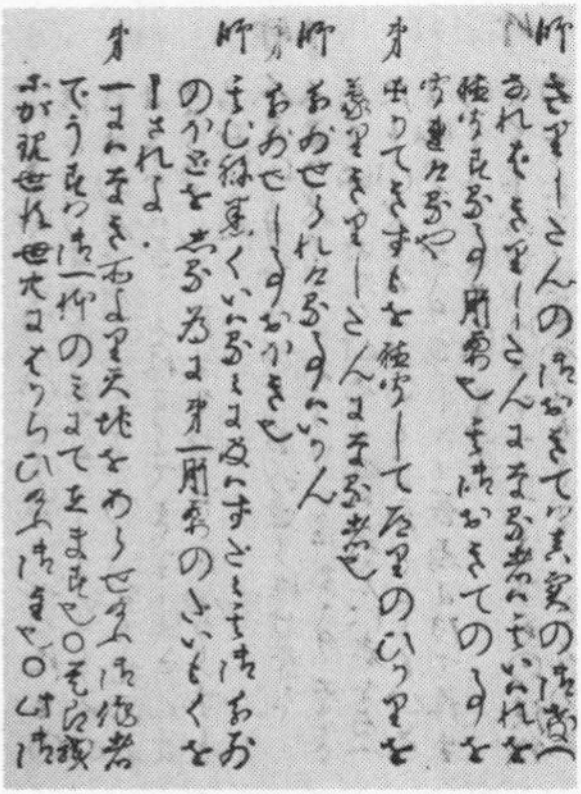

図6　バチカン図書館蔵『どちりいなきりしたん』

従来、後期版の活字作成者としてコンスタンティン・ドラード（ポルトガル通称のみが知られる日本名不明の日本人）が比定されてきているが、それを退け、イチク・ミゲルと推測している。このように、さまざまなことがらについて「定説」が得られているわけではなく、むしろ異なる見解が提示されることも少なくないが、それだけ活気があり、「熱く息づいている」分野ともいえる。

さて、キリシタン版が具体的にどのような活字を使って、どのように印刷されているのかをみていこう。まず、右の**図6**の翻字を示しておく。

師　きりしたんの御おきては真実の御教へ
なればきりしたんになる者は其いはれを
聴聞する事肝要也其御おきての事を
聞れけるや

弟　+かてきずもを聴聞して道理のひかりを

承りきりしたんになる者也
師　分別せられける事はいかん
弟　分別せし事おほき也
師　其むね悉くいはるゝに及はずたゝ其御分別のほどをしる為に第一肝要のだいもくを申されよ
弟　一にはなき所より天地をあらせ給ふ御作者でうすは御一体のみにて在ます也○是は我等が現世後世共にはからひ給ふ御主也○此御

図7　カサナテ図書館蔵『どちりなきりしたん』扉ページ

前期版『どちりいなきりしたん』も後期版『どちりなきりしたん』も、漢字は行書体、草書体で印刷されている。そして平仮名も、手書きの字形を模していることがわかる。この「手書きの字形」を本書では「筆記体」と呼ぶことにする。「筆記体」とは「筆で記す時の字体」というこ

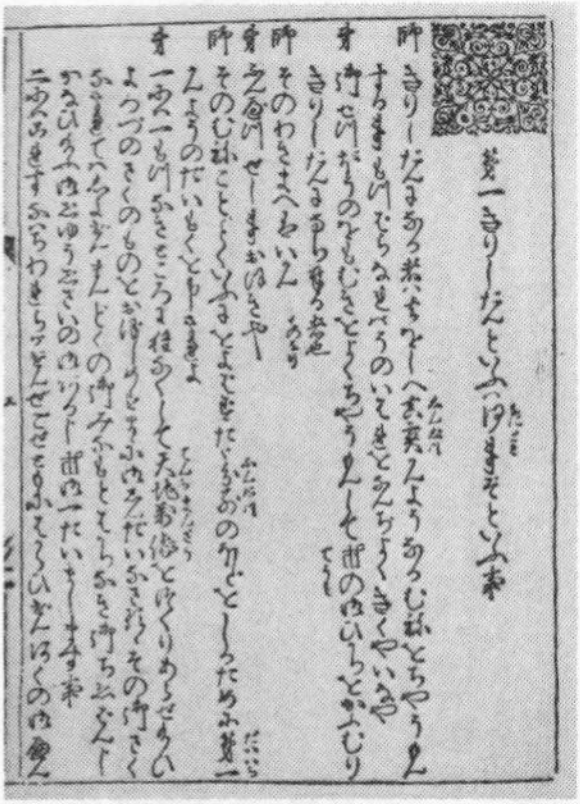

図8　『どちりなきりしたん』冒頭部分

とである。筆以外の筆記具によってもよいわけだから、「手書《しゅしょ》体」という呼称がふさわしいかとも思うが、英語の学習において、「ブロック体」に「筆記体」を対置させることから、「筆記体」という呼称が一般性をもっているのではないかと考え、仮にそれを使うこととしたい。漢字についても「筆記体」という概念を使うことも考えられるが、漢字については楷書体、行書体、草書体という呼称がすでにあるので、それに従うことにする。なお、この「筆記体」を「連綿体」と呼ぶむきがあるが、「連綿」は書道において、行書草書や、仮名の文字と文字との間をつなげて書くことをいうので、文字と文字とがつながっていない場合に使用するのは呼称としてふさわしくないと考える。『どちりいなきりしたん』最終行及びその二行前には「給ふ」が連綿している活字がみえている。こうした活字を「連続活字」と呼ぶことにしたい。後期版『どちりなきりしたん』にはそうした連続活字が少なからず使用されていることが**図8**から窺われる。後期版が前期版より、版面において落ち着いていることが図からわかる。

豊島正之は『キリシタンと出版』において、「キリシタン版以前に印刷・出版されたのは、仏書・漢籍など海外由来の本ばかりで、日本での著作である国書が印刷・出版される事が無い」(九十ページ)ことを指摘する。そのことは、キリシタン版以前の出版において、平仮名が印刷対象とならなかったことを意味するのではないだろうか。言い換えれば、平仮名(と漢字)によって記されるような表記体を選び取る内容のテキストは印刷の対象とならなかったのではないかということである。

先に引用したように、前期版の印刷に使われた金属活字がヨーロッパで誂えられたものだったとすれば、「どんな活字を作ればよいのか」となった時に、日本人ロヨラが書いた版下は、当然「筆記体」であるはずで、そこに、漢字・仮名の「筆記体」と金属活字との「出会い/結びつき」がうまれたのではないか。平仮名は続けて書くのが自然なのであり、金属活字の版下だからといって、一般的に書いている「筆記体」とは異なる独立性のたかい字体を書くということは考えにくい。キリシタン版、それに続く古活字版は、手書きが常態である時期にうまれた印刷物なのであり、「手書きを再現する」という枠組みの中にあったと考える。

1　ローマ字本だからわかること

『平家物語』『エソポのファブラス』(イソップの寓話)と格言集である『金句集』の三

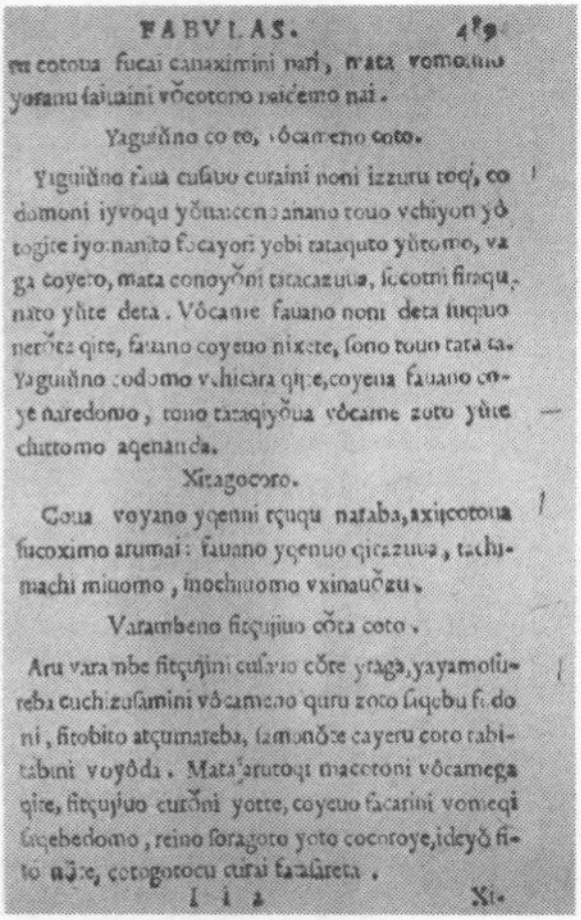
FABVLAS. 489
ru cotoua fucai canaximini nari, mata vomo... yoranu faitaini vôcotono naicemo nai.

Yaguiǔno coto, vôcameno coto.

Yaguiǔno faua cusauo curaini noni izzuru toqi, co domoni iyvoqu yǒua, ... anano touo vchiyori yô togite iyo, nanito focayori yobi tataquto yǔtomo, va ga coyero, mata conoyǒni tatacazuua, sicotni firaqu, nato yǔte deta. Vôcame fauano noni deta tuquo ... qite, fauano coyeuo nixete, sono touo tata ta. Yaguiǔno codomo vchicara qiqe, coyeua fauano coye naredomo, tono tataqiyǒua vôcame zoto yǔte chittomo aqenanda.

Xitagocoro.

Coua voyano yqenni tçuqu nataba, axiqcotoua fucoximo arumai: fauano yqenuo qicazuua, tachimachi miuomo, inochiuomo vxinaǒzu.

Varambeno fitçujiuo cǒta coto.

Aru varanbe fitçujini cusauo cǒte ytaga, yayamofureba cuchizusamini vôcameno quru zoto saqebu fitoni, fitobito atçumateba, samonǒte cayeru coto tabitabini voyôda. Mata arutoqi maccotoni vôcamega qite, fitçujiuo curǒni yotte, coyeuo facarini vomeqi saqebedomo, reino soragoto yoto cocoroye, ideyǒ fito nacute, cotogotocu curai fatafareta.

I i 3 Xi-

図９　天草版『エソポのファブラス』489ページ

つが合冊されたテキストが大英図書館に蔵されている。現在知られているのはこの一冊のみである。一五九二年から一五九三年にかけて天草で印刷されている。このうちの『エソポのファブラス』は天草版『伊曾保物語』と呼ばれ、よく知られていると思われる。

「ローマ字本」とは、改めていうまでもないが、日本語がラテン文字で書かれているテキストを指す。仮名は表音文字であるが、明治期中頃までは濁音音節を積極的には表示していなかった。したがって、平仮名で「かき」と書いてあった場合、「カキ（柿）」なのか「カギ（鍵）」なのかわからないことになる。さらにいえば、室町時代頃は、通常は漢字をある程度使って、それに仮名を交えて書く、「漢字仮名交じり」の書き方がなされることが多かったと思われ、漢字で書いてある語の発音が必ずしも明らかではない。ラテン文字も表音文字であるが、日本語を、日本語を書くためにうまれたのではない表音文字ラテン文字で書くことによって、日本語の発音が鮮明になることがある。「ではない」ということは、日本語の音韻と文字との間に何らかの「齟齬／ずれ」があるということで、その「齟齬／ずれ」が

「情報」になるということである。

図9は『エソポのファブラス』の四八九ページである。『天草版伊曾保物語』（一九七六年、勉誠社刊）から引用させていただいた。三行目から十六行目までを翻字してみよう。漢語には漢字を、和語には平仮名をあて、現代仮名遣いで記すことにする。カンマとセミコロンは読点に、ピリオドは句点に置き換えるが、読みやすさを考えて、さらに読点を補った。

1　野牛のこと、おおかめのこと
2　野牛のはわ、くさをくらいに、のにいづるとき、こ
3　どもにいいおく様は、このあなのとを、うちより、よう
4　とじていよ、なにとほかより、よびたたくというとも、わ
5　がこえと、また、この様にたたかずは、粗忽にひらく
6　なというて、でた。おおかめ、はわののにでたすきを
7　ねろうてきて、はわのこえをにせて、そのとをたたいた。
8　野牛のこども、うちからきいて、こえははわのこ
9　えなれども、とのたたき様は、おおかめぞというて
10　ちっともあけなんだ。
11　したごころ。

12 こは、おやの異見につくならば、あしいことは
13 すこしもあるまい、はわの異見をきかずは、たち
14 まち、みをも、いのちをも、うしなおうず。

「はは（母）」はどう発音されていたか

右の十四行からでもわかることは少なくない。まず「faua（はわ）」（2行目・6〜8行目・13行目）という語形が目をひく。タイトルは「野牛の子と狼の事」で、文章中にも「こども（子供）」（2行目・8行目）あるいは「こ（子）」（12行目）とあるので、これは現代語の「はは（母）」にあたる語であろうと見当はつく。

西暦一〇〇〇年頃に、「ハ行転呼音現象」と呼ばれる音韻変化が起こったことがわかっている。この音韻変化は、語中や語尾に位置しているハ行音の発音がワ行音に変わるというもので、その条件にあるハ行音はほとんど例外がなくワ行音に変わった。ハ行音がワ行音に変わったというと、なにかとてつもない大規模な変化のように聞こえるかもしれないが、より具体的に説明をするならば、ハ行子音を発音する時に接近していた両唇の合わさり具合が緩くなったということである。当時のハ行子音は現在の「フ」を発音する時のように、両唇をほぼ合わせたかたちで、すべて発音されていたと考えられている。したがって、「ハ」は「ファ」のような発音であったことになる。現代日本語の発音で、「ファ」と「ワ」とを発音して両唇がどうなっているかを「内省」してみると、

「ワ」の方が両唇の合わさり具合が緩いことがわかるだろう。そういう変化が「ハ行転呼音現象」だ。だから、おそらく当時の人は、自分が今までしっかりと「ファ」と発音していた「ハ」が、だんだんと「ワ」にちかい発音になってきていることには気づいていなかったはずだ。そもそも、一人の人が実感できるような短い間に変化が進行したのではないと思われる。

この「ハ行転呼音現象」によって、これまで「カファ」と発音していた「カハ（川）」という語の発音は「カワ」になった。それが現在に至っている。高等学校などの「古典」の時間に「歴史的仮名遣い」についての説明を受けた時に、「「かは」と書いてあるが、「カワ」と発音するのだ」というように習っていないだろうか。筆者も「そういうものか」と思ったが、「なぜ？」とはその時には思わなかった。その「なぜ？」の答えが「ハ行転呼音現象」だ。

さて「ハハ（母）」の二番目の「ハ」もこの「ハ行転呼音現象」によって「ワ」に変わることになる。それが「ハワ」だ。キリシタン版のローマ字本は、「ハワ」という語形があったことを明白に教えてくれる。しかし、仮名で「はは」と書かれていたら、あるいは漢字で「母」と書かれていたらどうだろう。現代日本語で「ハハ」と発音しているので、それを無意識に投影して、当時も「ハハ」と発音したと考えてしまうだろう。

ところで、この「ハハ（母）」という語の場合、少し複雑な「動き」をした。キリシタン版のローマ字本に「faua」とあることからわかるように、いったんは「ハ行転呼音現象」にしたがって、「ハワ」という発音になった。しかし、「チチ（父）」「ハハ（母）」はもっとも基本的な親族名称であるので、発音しやすい単純な発音構成であることが求められる。「チ」の繰り返し、「ハ」の繰り返しということで平衡関係を保っていた「チチ」「ハハ」は「ハ行転呼音現象」によって、「チチ」「ハワ」となった。しかし「ハ行転呼音現象」後も仮名では当然「はは／ハハ」と書くことがほとんどであった。これは「ハハ」に限ったことではない。先に述べたように、「ハ行転呼音現象」は、しばらくはそうした音韻変化が起こったことが言語使用者に意識されなかったであろうから、仮名の書き方にはあまり影響を与えていない。「チチ」を一方に置くと「ハハ」も「ハハ」と発音すると思いやすい。そうしたこともあって、いったんは「ハワ」に移行した発音が結局はまた「ハハ」という発音に戻った。これはきわめて珍しいことで、これだけ大規模な音韻変化を蒙った語の発音がもとに戻るということは一般的には考えにくい。「ハワ」という語形が確実にあったことは「faua」によってわかる。

仮名や漢字で書く場合にはわからないような発音がわかる、という例は少なくない。例えば、現代語「アマッサエ」は仮名では「あまっさえ」、漢字では「剰え」と書く。古典仮名遣いであれば、「あまつさへ」と書くことになるが、天草版『エソポのファブラス』には「amassaye」（四三六ページ十八行目他）と書かれており、当時の発音は「アマッサエ」であったことがわかる。促音に小書きにした「つ／ッ」をあてることは明治期においてもまだ定着していたとはいえないので、この時代はそうした書き方はまったく存在していない。

「狼少年」というようなタイトルで知られる話は天草版にもみられる。図9の下段「わらんべのひつじを飼うたこと」がそれにあたる。下から二行目に「例のそらごとよと心得、ideyǒ人なうて、ことごとく喰らい果たされた」(四八九ページ下から二行目)とある。「ideyǒ」は「イデヨー」という発音をあらわしていると思われる。「イデアフ(出会う)」=[ideau]の[au]が長音化すれば、[ideo:](イデオー)となる。しかし「オー」ではなくて「ヨー」なのだから、「オー」の前にヤ行の子音[j]が入っていることになる。この子音はどこからきたかといえば、現代日本語でもごく稀に「バアイ(場合)」=[baai]を「バヤイ」=[bajai]にちかく発音する人がいる。これと同じことだ。

古代語は母音が連続することを嫌っていた。音便がうまれ、母音が結果的に連続するようになり、また母音連続を嫌わない中国語を借用するようになって、「母音連続の忌避」は中世語の時代には絶対のものではなくなってきていた。ここまでに何回か説明の中にあった[au]の長音化などは、母音が連続する[au]という発音をやんわりと避ける「方法」でもあった。嫌うかどうかは言語のタイプであるが、そもそも母音が連続すると発音がしにくくなることがある。そうした場合に、母音の間に邪魔にならないような子音を挟むことがある。というより、そういう子音が自然に挟まるといった方がよいかもしれない。ヤ行の子音[j]、ワ行の子音[w]はそうした場合によく「登場」してくる。「ピアノ(piano)」を「ピヤノ」と発音したり、「ダイアモンド(diamond)」を

「ダイヤモンド」と発音するのも同じことだ。先ほどの「バアイ」を「バワイ」にちかく発音する人は案外と多い。この場合は、[i]ではなくて[w]が挟まったことになる。この時代の発音がどの程度「イデヨー」にちかかったかはわからないが、少なくも天草版をつくった人の耳には、「ideyŏ」と書こうと思うくらいの発音だったといえよう。

あるいはまた「vocacuxare（オカクシャレ）」（四七三ページ十三行目）、「vocaxare（オカシャレ）」（四七九ページ四行目）は「お隠しあれ」の、「オカシャレ」は「お貸しあれ」の変化したかたちで、「シアレ」の「シ」と「ア」との間に[i]が挟まったかたちである。

現在「ケダカイ（気高い）」と第二拍を濁音で発音する語は、「qetacai」（四五〇ページ十行目）からすれば、室町時代には「ケタカイ」と発音されていたことがわかる。「ただいま、gosan の砌《みぎり》の力を添へうために参った」（四五六ページ八行目）からすれば、現在「オサン（御産）」と発音する語は「ゴサン」と発音されていたことがわかる。これは発音にかかわることというよりも、漢語形の接頭辞「ゴ（御）」と和語形の接頭辞「オ（ン）（御）」がどのような語に上接するかということである。漢語には漢語形接頭辞、和語には和語形接頭辞が上接するのが、一般的であり、そう考えれば「ゴサン（御産）」がしかるべき語形ということになる。

漢語は漢字で書くことが一般的なので、さらに発音がわかりにくい。「安否」は現代日本語では「アンピ」と発音する。しかし、天草版『エソポのファブラス』には「天下、国家のanpuも舌に任することなれば」（四一六ページ八行目他）とあって、この時代の発音は「アンプ」であったことがわかる。あるいはまた「しばらくして、波風もはや穏やかになり、caixǒも悠々としたを見て」（四七二ページ二十一行目）の「caixǒ（カイショウ）」は「海上」である。

「さらば誰ぞcǒriocuに雇はう」（四六六ページ二十一行目）の「cǒriocu（コウリョク）」は「合力」で、現代日本語では「ゴウリョク」「ゴウリキ」と、第一拍は濁音で発音することがある。「我と鼻をganjeqiに打ちあてて、したたかに疵をこうむって」（四八四ページ十二行目）の「ganjeqi（ガンゼキ）」は「巌石（岩石）」で、この語の場合は、現代日本語は第三拍を清音で発音している。このように現代日本語と清濁が異なる語が少なからずある。「常にqiogonを言ふ者は、たとひ真を言ふ時も、人が信ぜぬものぢゃ」（四九〇ページ二行目）の「qiogon（キョゴン）」は文脈から判断して「キョゴン（虚言）」であるが、現在ではこの漢語は「キョゲン」と発音している。「とびといふ猛悪人「これこそcuqiǒの所望なれ」と言うて」（四四二ページ十九行目）の「cuqiǒ（クキョウ）」は現在であれば、「クッキョウ（究竟）」と発音する語であろう。ただし別の箇所「cucqiǒのくらひ物ぢゃと喜うで来たが」（四八二ページ十行目）の「cucqiǒ」は「クッキョウ」という発音をあらわしており、この時代には「クキョウ」「クッキョウ」両語形が併用されていたと思われる。

「cunjuの前でさんざんに恥をかかせた」（四九三ページ五行目）の「cunju（クンジュ）」

には「群集」があたると思われるが、現在この語は「グンシュウ」と発音されている。「平生gofisŏなさるるこの犬のことでござらうずると存じて」（四二三ページ十四行目）の「gofisŏ（ゴヒソウ）」は「御秘蔵」と思われるが、現代は「ヒゾウ（秘蔵）」と発音する。

「ツ」にもいろいろ

『エソポのファブラス』の図9翻字の5行目に漢語「ソコツ（粗忽）」が使われているが、ローマ字は「socot」となっている。右の範囲に「ツ」がみられないが、キリシタン版では「ツ」は「tçu」と書かれている。したがって、「ソコツ」という発音ではなかったことになる。結論からいえば、当時の発音は［t］に母音が加わった開音節の「ツ」ではなく、［t］のみの閉音節の発音だったと考えられている。もともとの中国語は閉音節だったと思われるので、その中国語にちかい発音が維持されていたと推測されている。右の範囲には他にはみられないが、『エソポのファブラス』全体でいえば、「taicut（タイクツ・退屈）」や「xinjit（シンジツ・真実）」などがみられる。

「エ」の発音はヤ行のエだった

また5行目、7行目、8行目に「こえ（声）」という語が使われているが、「coye」と書かれている。ローマ字の綴り方は、その綴りを考えた人物の母語がなんであるかに影響を受ける。『エソポのファブラス』を誰が書いたかはテキストからはわからないが、ごく一般的にイエズス会の宣教師と日本人信者とが協力して書いたとすれば、イエズス会宣教師の母語は中世ポルトガル語である。中世ポルトガル語がどのような言語で、その書き方がどのようなものであったか、ということの検討がまず必要であるが、それは筆者の力を超えたことであるので、これまでに検証されていることに従って述べていくが、「ye」という綴り方に母語の綴り方の影響は指摘されていない。そうであるとすれば、わざわざ「y」を添えた「ye」という綴りは単独母音の［e］とは違う発音を思わせるが、現在は［je］すなわちヤ行のエの発音だと考えられている。日本語にはア行、ヤ行、ワ行に「エ」があり、そもそもは［e］、［je］、［we］と異なる発音であったはずだが、［e］と［je］とは西暦九五〇年頃までに合流し［je］一つになり、さらに西暦一一〇〇年頃には［we］がそれに合流して、［je］という発音のみになったと考えられている。その一本化された［je］が江戸時代に入って［e］になったと考えられているが、その時期については明らかにされていない。「コエ（声）」という語の古典仮名遣い（歴史的仮名遣い）は「こゑ」であるので、元来の発音は［kowe］であった。それが西暦一一〇〇年頃以降は［koje］になった。室町時代の発音は［koje］で、それをローマ字で「coye」と書いていることになる。ちなみにいえば、現代の発音は［koe］である。

野牛はヤギ？

右の話では「野牛」が気になる。「yaguiũ」と綴られているので、発音は「ヤギュー」

である。しかし、英語「buffalo」あるいは「bison」にあたる動物ではなさそうだ。この話は「狼と七匹の子ヤギ」の話としてご存じの方もいらっしゃるのではないだろうか。そのことも考え併せると、この「yaguiũ（野牛）」は「ヤギ」のことではないかと見当がつく。『日葡辞書』にも見出し項目「yaguiũ」があるが、その語釈には、「野の牛、牡山羊、あるいは、牝山羊」とあって、「ヤギ（山羊）」のことであることがわかる。これはローマ字で書いてあったからわかったことではないが、右の話からわかることではある。

コドモは何人？

先に述べたように、タイトルは「野牛の子と狼の事」であるが、2行目、8行目に「こども」とある。この「こども」には漢字列「子供」をあてることができる。現代日本語においては、「コドモ」は必ずしも「コ（子）」の複数をあらわしているわけではない。「コドモが何人いますか？」という質問に対する答えが「一人」であってもおかしくない。しかし、もともと「ドモ」は複数をあらわす接尾辞であるので、「コドモ」は「コ」の複数形であるはずだった。右ではヤギの子は何匹いるのかわからないが、複数いることはたしかである。天草版『エソポのファブラス』を読んでいくと、「蟻ども」「石ども」「犬ども」「かいる（蛙）ども」「ねずみども」「鳩ども」「羊ども」などとある。「石ども」は「漁人の事」という話にみえる。「ギョジン（漁人）」は現代語でいえば「リョウシ（漁師）」のことで、「ある漁人、網を引くに、引くことも叶はぬほど、網が重う覚えたれば、「なにさま魚（うを）が多いぞ」と、勇み喜ぶことが限りなうて、引き上げてみれば、魚は稀で、石どもであったところで、「さては無益（むやく）の辛労かな」と皆、悲しむところに、年寄った漁人が諫めて、「なぜに人々はお悲しみあるぞ？喜びと悲しみは兄弟のごとくぢゃ。またこののちには喜びも来うず」（後略）」とある中に使われている。石がたくさん網に入っていたという文脈で「石ども」が使われていることがわかる。この時代には、まだ複数をあらわす接尾辞「ドモ」が機能していた。

ヨリとカラ

a　マンションの窓からスカイツリーが見える。

b　マンションの窓よりスカイツリーが見える。

aとbと、どちらが現代日本語として自然に感じるだろう。ほとんどの方がaが自然と思うのではないだろうか。bはいえないことはないが、少し古くさい、と思った方もいることだろう。「ヨリ」と「カラ」とは異なる格助詞であったが、「カラ」が勢力を拡大して、「ヨリ」の領域に侵入した。そのため、「話しことば」では「カラ」、「書きことば」では「ヨリ」が使われるという傾向が生じたことが指摘されている。室町時代にそのような状況にちかづいていたと推測されている。現代日本語もその「流れ」の中にあるので、「ヨリ」が古くさい表現、あるいは「固い」表現に感じられる。

右の話では、ヤギのおかあさんが「この穴の戸を内より、よう閉じていよ」「外より、呼び叩くというとも」と「ヨリ」を二度使っている。そして8行目のいわゆる「地の文」で「野牛の子供、内から聞いて」と「カラ」が使われている。

「ウズ」という助動詞

13行目から14行目にかけて、「はわの異見をきかずは、たちまち、みをも、いのちをも、うしなおうず」とあるが、「うしなおうず」はどのように分解できるのだろうか。これはハ行四段活用動詞「ウシナフ」の未然形「ウシナハ」に助動詞「ウズ」が下接した「ウシナハウズ」＝［usinawauzu］の［wau］が長音化して［wo:］と発音されるようになったものである。助動詞「ム」に助詞「ト」動詞「ス」が結合した「ムトス」から発生したとみられることがある助動詞「ムズ」から転じたものが「ウズ」だと考えられている。活用語の未然形に接続し、話し手やその場の状況判断に基づく推量、決意をあらわしたり、ことがらの実現が予想されたり、期待されたりする場合に使われる。

この助動詞は、鎌倉時代以降にみられるので、平安時代までの、つまり古代語時代までの文法をもとにして教えている高等学校の「古典文法」の時間には習わない助動詞になる。そもそも、学校教育で教える「古典文法」が古代語の文法を軸にしたものであるということだって、知らないことが多い。考えてみれば、日本語は（というよりあらゆる言語は）時間の経過とともに変化していくのだから、文法だって変化する。古代語時代の文法は基本だから、それを教えるのがもちろん「筋」であるが、そこでは習わない文法もある、ということも知っておいてよいかもしれない。「うしなおうず」は現代日本語訳すれば、「失うだろう」ぐらいになる。

2　『日葡辞書』からわかること

通常、『日葡辞書』（*Vocabulario da Lingoa de Iapam com a declaração em Portugues* = ポルトガル語の説明を附したる日本語辞書）と呼びならわされている辞書が一六〇三年に長崎で刊行され、翌一六〇四年にはその補遺の部が出版された。いうまでもないが、一六〇三年は徳川家康が征夷大将軍に補せられた年にあたり、日本の歴史の上でも戦国時代から江戸時代への転換期にあたるといってよいだろう。

『日葡辞書』は日本語を見出し項目とし、ポルトガル語で語釈を附した「日本語ポルトガル語対訳辞書」である。一九八〇年に、土井忠生、森田武、長南実の三名によって、ポルトガル語を日本語に翻訳した『邦訳日葡辞書』（岩波書店刊）が出版され、中世ポルトガル語に堪能でなくても『日葡辞書』にあたることができるようになった。本書の『日葡辞書』に関わる記述も、多くをこの『邦訳日葡辞書』に負っている。森田武はその後『邦訳日葡辞書索引』（一九八九年、岩波書店刊）を刊行し、研究の成果を『日葡辞書提要』(一九九三年、清文堂出版刊)にまとめている。寛永七(一六三〇)年にマニラで刊行された『日西辞典』(*Vocabulario de Iapón*)は『日葡辞書』の補遺を本編に組み入れて、ポルトガル語の語釈をスペイン語に翻訳してドミニコ会が出版したもの。編者には来日経験がなく、見出し項目の配列や翻訳が必ずしも適切ではないと思われることが森田武『日葡辞書提要』によって指摘されている。レオン・パジェスがポルトガル語をフランス語に翻訳した『日仏辞書』が明治元(一八六八)年にパリで刊行されている。『日葡辞書』の写真複製や先にふれた『邦訳日葡辞書』が公刊されるまで、この『日仏辞書』が『日葡辞書』のかわりに参照されることが少なくなかった。

宣教師の職分には信徒の告解を聴く聴罪師(=コンフェッサン)と、説教をする説教師とがあり、前者においては、方言や卑語なども含む広範囲の日本語を理解できる必要があり、後者においては、上流社会や知識階級の者が使用するような品位のある標準語を駆使する必要があったとされている。

『日葡辞書』本篇には二万五九八五語、補遺には六八八六語が見出し項目として採りあげられているが、重複している見出し項目を除くと、見出し項目の総数は三万二三一〇語であることがわかっている。これは当時としてはきわめて規模の大きな辞書ということになる。『日葡辞書』は、そのように多くの日本語をひろく収めている辞書であるが、どのように使うか、という具体的な指示が少なからずみられることがこの辞書の特色であると指摘されている。宣教師の実際の必要に対応するためにはそうした指示が有効であったことが推測される。例えば、見出し項目「Cayeru（カエル）」の語釈には、「ただし、話し言葉ではCairuと言う」とあって、この見出し項目から、当時は「書きことば＝カエル」「話しことば＝カイル」であったことが窺われる。ちなみにいえば、「Cairu（カイル）」も見出し項目として採られているが、その語釈にはこうした記述はみられない。「書きことば」でおもに使う語形と「話しことば」でおもに使う語形とが異なるということはあったと推測されるが、文字化するということが、どちらかといえば「書きことば」側の行為であると考えた時に、文献から「話しことば」を窺うことにはつねに、何程かの困難を伴う。『日葡辞書』のように、これは「書きことば」でおもに使う、これは「話しことば」でおもに使うという「情報」を記している辞書は、それが何人かによる「判断」であることはむしろ当然のことなので、「判断」が当時の「実態」にどれほど沿ったものかという「吟味」はつねに求められているが、とにもかくにも、『日葡辞書』は貴重な存在といってよい。

文書の中で使われる語

『日葡辞書』には「S」という略号が附された見出し項目がある。「S」は「Scriptura」の略で、当該語が文書語であることを示している。他に「na escritura」（文書に）、「nos liuros」（書物に）、「palaura de liuros」（書物のことば）などと記されている場合もあるが、これらはいずれも当該語が文書で使われることを示していると考えられている。少し例を挙げてみよう。最初に『日葡辞書』が見出し項目としているローマ字綴り、次にそれを片仮名で翻字し、丸括弧内には、その語の理解を助けるために漢字（列）を入れた。語釈は『邦訳日葡辞書』の語釈を示した。

1　Annei　アンネイ（安寧）すなわち、Xizzucana（静かな）平和、外面的な平穏無事。
2　Iqiocu　イキョク（委曲）すなわち、Cuuaxŭ（委しう）副詞。きれいに。
3　Inzot　インゾッ（引率）一緒に連れて行くこと。
4　Vtnen　ウツネン（鬱念）Iqidouori（憤り）に同じ。内心に抱く怨みと怒り。
5　Yenjo　エンジョ（炎暑）暑さ。
6　Vôca　ヲゥカ（謳歌）Vta,vta（謳、歌）歌謡、または、詩歌。
7　Quaiyet　クヮイエッ（快悦）Cocoro yocu yorocobu（快く悦ぶ）非常に喜ぶこと。書状の中に用いられ、謝意を表する語。
8　Quacutoc　クヮクトク（獲得）Ye,vru（獲、得る）何か物を受け取ること。
9　Quabi　クヮビ（華美）美しいこと、または、きらびやかなこと。（略）
10　Quanji　クヮンジ（莞爾）ちょっと微笑すること。

1から10はいずれも漢語である。現在も使う漢語をできるだけ挙げてみたが、この時点では、(どちらかといえば)「文書語」として使われていたと思われる。漢語が文書中で使われるということは理解しやすい。例7においては、「カイエツ(快悦)」という漢語を「カイ(快)」字と「エツ」字とに分け、その上で、「カイ(快)」字を「ココロヨク」、「エツ(悦)」字を「ヨロコブ」と、それぞれの漢字の訓を使って理解していることが窺われる。こうした理解のしかたは、一見すると、日本語を母語としない宣教師ゆえの「理解のしかた」にみえてしまうが、これは日本語を母語とする者においても長く採られていた漢語理解のあり方の一つと考える。例8において、漢語「カクトク(獲得)」を、「エ(獲)」と「ウル(得る)」とに分けて理解しているのも同様の理解のしかたである。

例1、例2では、漢語「アンネイ(安寧)」、漢語「イキョク(委曲)」を、それぞれ「すなわち静かな」「すなわち、委しう」と一度和語に置き換えている。これも漢語理解のあり方の一つといえよう。漢語を、その漢語の語義とちかい和語の語義によって理解することはもっとも自然な理解のしかたといえよう。例4では、そうした理解のしかたがさらにはっきりとしていて、漢語「ウツネン(鬱念)」の語義を「憤りに同じ」と記している。こうした記述を丁寧に拾い上げていけば、室町時代にある語がどのように理解されていたかを窺うことができる。こうしたことについては後にさらに考えてみたい。

宣教師たちが想定した「日本語による言語生活」の広がり

「S」の他に「P」と記されている見出し項目がある。「P」は「Poesia」の略で、当該見出し項目が「詩歌語」であることを示していると思われる。他に「a pud poetas」(詩人たちに)、「na poesia」(詩歌に)と注記されていることもある。A〜Cの部から少し例を挙げてみる。

1 Asana yũna アサナユウナ 朝夕。
2 Asafaca アサハカ すなわち、Asai facaricoto(浅い謀)軽率な策略、あるいは、ある人の考え出した、大して価値のない方策。
3 Asamadaqi アサマダキ 早朝。
4 Axitazzu(補遺)アシタヅ 鶴。
5 Ayanicu アヤニク 副詞。人の望むところや、期待しているところに反して。
6 Aratamano toxi アラタマノトシ Toxino fajime(年の初め)、すなわち、新年。
7 Itçumadegusa イツマデグサ Cabeni xõzuru cusa(壁に生ずる草)この名で呼ばれる草で、壁に生じて、間もなく枯れる草。短い時間の意味に、あるいは、滅ぶもの、衰えるものの意味に取られる。

8　Casayadori　カサヤドリ　すなわち、Amayadori（雨宿り）傘の下で雨を避けるように、木とか花とかの下に身を寄せて雨を避けること。

9　Qinuguinu　キヌギヌ　すなわち、Vacare（別れ）別れ。

10　Cuuaco　クワコ　蚕。

右には和語のみを示した。実は「アンキョウ（暗香）」「ウンポウ（雲峰）」「エンカ（煙霞）」「チクカン（竹竿）」といった漢語にも「詩歌語」注記が附されており、『日葡辞書』の「詩歌語」は和歌用の語ということではなく、漢詩も含まれていると考えられる。これは室町時代を総体として見渡せば、むしろ当然のことといえよう。室町時代は京都五山の禅林を中心にして文学的な活動が活発に行なわれており、「詩」が「和歌」と「漢詩」とを包含しているのは自然である。「漢」から目をそらし「和」を中心にとらえがちなみかたからすると、意外な感がすることであっても、それは「意外な感」の側を修正する必要があると考える。右に示した漢語のうちで、「エンカ（煙霞）」「チクカン（竹竿）」は『和漢朗詠集』に収められた漢詩において使われている漢語であることがわかっている。しかし、『和漢朗詠集』で使われていない漢語にも「詩歌語」注記が施されているので、『日葡辞書』が『和漢朗詠集』で使われている漢語を拾い出して、それに「詩歌語」注記を施したわけではない。ただ、『和漢朗詠集』巻上を初めとして、雑筆抄、実語教、義経中状などの六種類の文献を併せた「倭漢朗詠集巻之上」と題された一書が一六〇〇年にキリシタン版（国字本）として出版されており、そのことからすれば、『和漢朗詠集』で使われている漢語についての知識はあったと考えることはできる。

五三九語句が「詩歌語」とされ、うち漢語は七十八、和語が四六一であることが指摘されている。「詩歌語」とされている和語は、歌学書や連歌関連の詞寄せの類に採りあげられている語が少なくないこともすでに指摘されている。森田武は十四書を調査し、『藻塩草』に収められている語の約三百が、また『八雲御抄《みしょう》』に収められている語の約二百、『匠材集《しょうざい》』に収められている語のやはり約二百が、『日葡辞書』において「詩歌語」とされていることを指摘している（『日葡辞書提要』）。その事実からすぐに、『日葡辞書』編纂者が、こうしたテキストから、語を抜き出して『日葡辞書』の見出し項目とし、それに「詩歌語」注記を施したと考えるのは、もっとも単純なみかたであろう。そうしたことがまったくなかったとまではいえないだろうが、右の諸テキストと『日葡辞書』との間に別のテキストが介在している可能性もあり、直接的な関係とみなすよりも、右の諸テキストと、間接的に、ということをも含めて、何らかのかたちでつながっている可能性がたかい、とみておくのが穏当と考える。

しかし、そのことはまた別のことを示唆する。とにもかくにも「詩歌語」と注記を施すような語句を『日葡辞書』に収めたのはなぜか、ということである。先には、『日葡辞書』は、聴罪師と説教師ということとかかわって、広い範囲の日本語を収めていると述べた。そうだとすれば、和歌で使われる語や漢詩で使われる語も宣教師たちは知っておく必要があった、あるいは知っておく必要があると思っていたことになる。宣教師たちが「想定」した「日本語による言語生活」はそこまでの広がりをもっていた。宣教師たちが『日葡辞書』を、当時の現代語辞書ととらえていたかどうかはわからないとしかいいようがないが、「実際的」ということが意識されていたとすれば、現代語寄りの辞書とみることはあながち的外れのことではないと思う。そうだとすれば、「現代語」の射程が、『日葡辞書』と現代とでは相当に異なる、ということになる。和歌や連歌を実作していた時代においては、『万葉集』において使われ、その後も使われ続けた枕詞であっても、「現代語」といえなくもないが、現代刊行される小型の国語辞書で枕詞を見出し項目とするものは、きわめて少ない。『日葡辞書』はそうしたことをも教えてくれる。

『日葡辞書』の「序言」には「今日は、キリスト教に対する迫害がひどくて、パアデレや日本人イルマンたちは以前よりも若干の時間的余裕が生じたので、年来不完全ながら存していたこれらの辞書を見直し、一層よく検討することができるようになった。そこでわれわれは、日本語をよく知っている者のうち何人かが、日本語に精通している数人の日本人の援助をも得て、この辞書を検討増補して完成するために、数年の間精励して事に当たるようにしたのである」とあって、「数人の日本人」が『日葡辞書』の編纂に協力していたことが明記されている。この「数人の日本人」が誰であったのか、具体的には特定されていない。しかし、そうした協力があったことには注目しておきたい。いろいろな意味合いにおいて、「そういうことが可能な時代」であったことは嘉すべきことといえよう。筆者などは、そうした点に、「室町時代の可能性」あるいは「室町時代の魅力」を感じる。

先には『匠材集』の名を挙げた。『匠材集』は和歌や連歌に使うような語をイロハ順に収め、簡単な語釈を施した、和歌・連歌辞書である。先に掲げた1〜10はいずれも『匠材集』にも採りあげられている。『匠材集』の記事を次に挙げてみよう。図10は清泉女子大学図書館蔵本（「慶長二年三月上旬／法眼／紹巴」と刊記にある本）である。一番右に「きぬ〳〵　わかる丶事也」とみえる。

1　あさな夕な　只朝夕也なは助也朝食夕食にも用又あさなけと云もあさ夕也
2　あさはか　浅はかりなり
3　あさまたき　朝はやき也
4　あしたつ　只つるの事也
5　あやにく　思ふことくになきなり
6　あら玉のとし　正月也年のはしめ

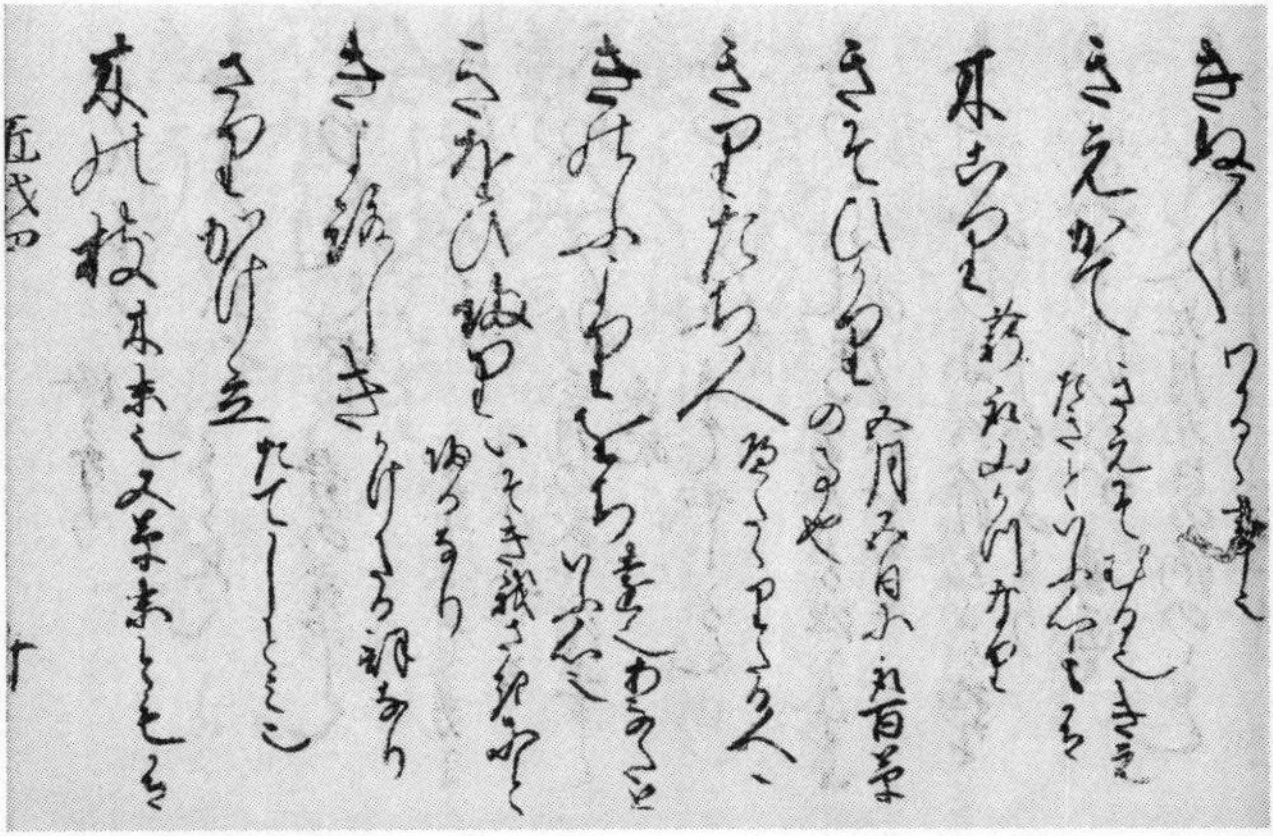

図10　『匠材集』き部

7　いつまてくさ　かべに生たる草なり
8　かさやとり　雨やとり也
9　きぬ〳〵　わかるゝ事也
10　くはこ　かいこなり

これはすでに指摘されていることであるが、例えば例2の「アサハカ」の語義は〈事物の様子が、単純なようす〉ぐらいだと思われるが、『日葡辞書』には、先に引用したように、「浅い謀」とあり、通常の語義とは異なる語義を説く。これは『匠材集』のようなテキストの記述を参照していたため、と推測されている。『日葡辞書』の編纂に日本人信者が協力していたことは先に述べたとおりであるが、その信者が、和歌や連歌にまで精通していたかどうかはもちろんわからない。

そのことからすれば、それほどの「吟味」を加えることなく、歌学書や連歌書、和歌・連歌辞書の記述を取り込むということは充分に考えられる。右の『匠材集』の記述は、それぞれに『日葡辞書』の記事とちかくみえる。もちろん『日葡辞書』において「詩歌語」注記を施されている見出し項目のすべてが『匠材集』に依拠しているわけではないが、「詩歌語」注記を施すにあたって、あるいは見出し項目を選定するにあたって、『匠材集』のような辞書にちかいかたちのテキストが参照されていたことは考えられる。

先に述べたこととも重なるが、つまり歌学書や連歌書、和歌・連歌辞書において採りあげられている語が「詩歌語」という「傾き」をもっていることは当然のこととして、しかしだからといって、(おそらくは当時の現代語の辞書として編纂されたであろう)『日葡辞書』が見出し項目から排除するような語ではなかったということには注目しておきたい。冒頭で述べたように、瀬戸内海の水軍の将が連歌をつくり、明智光秀が連歌をつくり、黒田官兵衛が連歌をつくるような時代において、連歌は古典芸術というよりは、当代の文学であったとみるのがよいのではないだろうか。室町時代における連歌の果たしていた「役割」についても改めて考える必要がありそうだ。連歌が室町時代の「通奏低音」といえば、言い過ぎであろうが、連歌世界が、室町時代以前の日本文学の粋をすいあげ、濃縮していたとすれば、あながち言い過ぎとばかりはいえないことになる。これまではそうした観点から室町時代をみわたしていなかったと思われる。そうした観点も今後は必要になってくるだろう。

何と何を同じと見なしていたか

ここまでの引用にもみられるが、『日葡辞書』においては「語Aと語Bとが同じ」あるいはそれと同じようなことが記されていることが少なくない。例えば「Fenzzutçũ,I, Fennozzutçũ」という見出し項目においては、「ヘンヅツウ（偏頭痛）」と「ヘンノヅツウ（偏の頭痛）」とが「I」＝「vel」（または）とによって結ばれたかたちになっている。この「I」で結ばれている二つの語形は、単にローマ字の綴り字が違う場合や発音が異なる場合などさまざまであるが、「I」で結ばれた語は相互に同価値であって通用すると考えられている。例を挙げておこう。ローマ字綴りは省く。

	見出し項目	語釈
1	ミミアカ、または、ミミノアカ	耳の垢
2	ムノウナ、または、ムノウシャ	技芸や技量のない（人）
3	ナマチ、または、ナマヂ	鮮血
4	ナマケモノ、または、ナマケタヒト	活気がなく、柔弱で、役に立たない者。
5	ナメシ、または、ナメシガワ	なめした革
6	ネンショウ、または、ショウネン	十歳までの男の子。
7	ニンブ、または、ニンソク	荷役の人、すなわち、荷物を運ぶ人。

8　ニンソク、または、ニンブ　mariola（荷運び人夫）などのように、荷物をかついで運ぶ者。

9　パラリト、または、ハラリト　副詞。穀物など、何か物が落ちる際に立てる音の形容。（略）

10　ケン、または、ケンペイ　主権、または権力。

例3は第三拍が清音か濁音かということで、発音の異なる二つの語形が「＝」で結びつけられている。例1は「ミミアカ」と「ミミノアカ」とが結びつけられており、ここでは助詞「ノ」を介した語形とそれを介さない語形とが結びつけられている。例5は「ナメシガワ」と「ナメシ」という略語形とが結びつけられている。例7と例8とからすれば、この時代には、「ニンブ（人夫）」と「ニンソク（人足）」とはほとんど同義語であった可能性がある。

例9は興味深い。現代日本語においては「パラリト」と「ハラリト」とは語感が異なると感じる人が多いのではないだろうか。『集英社国語辞典』第三版では、見出し項目「ぱらりと」を「①軽い物が軽く落ちたり、まばらに散ったりするさま。②書物・帳面などのページを、軽くめくるさま」と説明し、その一方で、見出し項目「はらりと」は「花びら・涙などが静かに落ちたり、髪・着物などが軽くほどけたりするさま」と説明している。「ナミダ（涙）」は「ハラリト」落ちるが、「パラリト」は落ちないというのが現代日本語を母語とする者の感覚であろう。『日葡辞書』の記述によれば、この時代「パラリト」と「ハラリト」とは同価値であったことになる。ほんとうにそうだったかどうかということはなかなかわからないことなので、この記述を信じることにしたいが、そうだとすれば、このようなオノマトペから受ける「語感」も時代によって変化することになる。これはきわめて興味深い。

3　平仮名・漢字交じりの国字本からわかること

次に国字本をみてみよう。先に図6として『どちりいなきりしたん』(バチカン本)の冒頭箇所、図7として『どちりなきりしたん』(カサナテ図書館本)の扉ページ、図8として同書の冒頭箇所を示した。図11は『ぎやどぺかどる』の扉ページ、図12は上巻四丁表の箇所である。図11・12、後に掲げる図13(字集)は天理図書館善本叢書『きりしたん版集二』(一九七六年、八木書店刊)から引用させていただいた。

扉ページ中央に「きやとぺかとる」と書名が記され、その下には二行に割って、「罪人を善に／導くの儀也」と書名が説明されている。『ぎやどぺかどる』については、拙書『日本語の考古学』(二〇一四年、岩波新書)においても採りあげているが、ドミニコ

図11　『ぎやどぺかどる』扉ページ

会の修道士であったフライ・ルイス・デ・グラナダが刊行した『Guia de Pecadores』（＝罪人の導き）のサラマンカ版を日本語に翻訳（抄訳）したものと考えられている。上下二巻二冊。翻訳は文語でなされ、「漢字平仮名交じり」で印刷されている。扉ページの書名の右側には「御出世以来千五百九十九年」とあり、左側には「慶長四年正月下旬鏤梓也」とあって、慶長四年、西暦一五九九年に出版されている。キリシタン版の中でも、当時の知識階級によく読まれていたことが指摘されている。また「和漢洋語を自由に駆使した新しい雅馴な新文体を拓き、内容、形式ともに、キリシタン文学の中で重要な位置を占めるものである」（『きりしたん版集一』解題十五ページ）との指摘もある。図12を翻字しておく。句読点は適宜、補った。原文のローマ字合体略号符（合字符号）はdeusに置き換えた。

1　きやとへかとる　巻の第一篇　茲《ここ》に善の勧めと御掟を保つへしとすゝむる教ある事

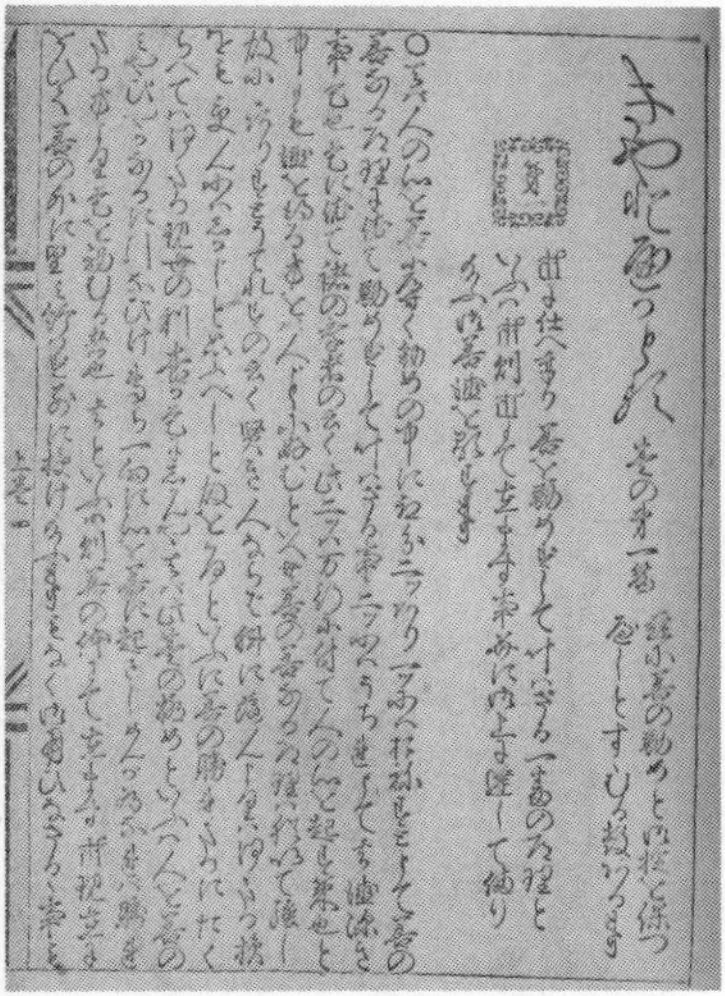

図12 『ぎやどぺかどる』上巻4丁表

2 第一 deus に仕へ奉り善を勧めずして叶はざる一番の道理と
いふは deus 則 deus にて在ます事并《ならび》に御上に達して備り
給ふ御善徳を顕す事
3 〇去ば人の心を善に導く勧めの中に取分二ツあり。一ツにはおねすととて善の
4 善なる道理に依て勧めずして叶はざる事二ツにはうちれとて其徳深き
5 事是也。是に依て、諸の学者の云く、此二ツは万行に付て人の心を起す策也と、
6 中にも徳を得る方をば人ごとに好むといへ共、善の善なる道理は猶以て強し
7 故に、ありすとうてれすの
云く、賢き人ならば科に落
んよりは何たる損
8 をも受んにはしかじと思ふ
べしと。故を如何といふに
善の勝れたるにたく
9 らべては、何たる現世の利
養か是にしかんや。去ば此
巻の極めといふは、人を善
の
10 みやびやかなるに引なびけ、

11 専ら一向に心を善に起さしめんが為なれば、勝れたる方より是を初むる者也。其といふは則、善の体にて在ますdeus現在に
12 をひて、善の外に望み給はず、別に授け給ふ事もなく御用ひなさるゝ事も

右の範囲でも「おねすと（honesto）」、「うちれ（util）」、「ありすとうてれす（Aristoteles）」などの西洋語が使われ、それが仮名書きされていることがわかる。「おねすと」はポルトガル語で、〈気高さ、誠実〉の義、「うちれ」もやはりポルトガル語で、〈徳になること〉の義、「ありすとうてれす」は古代ギリシャの哲学者アリストテレスのことを指す。

平仮名、漢字ともに「筆写体」すなわち筆で手書する時に使う字体で印刷されており、漢字は2行目の「deusに仕へ奉り」の「仕」字のように、楷書体にちかい行書体から、同じ2行目の「道理」の「道」字のような草書体、あるいは草書体まで、幅があるようにみえる。しかし、これは当時の「筆写体」における漢字字体のありかたを（おそらく結果的に）そのまま反映したもので、キリシタン版がことさらにそのような志向をもっていたのではない、と考える。

「キリシタン版の印刷開始当初（一五九一年）の活字は、ラテン文字・仮名・漢字活字の全てが、天正少年使節が欧州で入手してプレス印刷器と一緒に日本に持ち帰ったもの」（豊島正之編『キリシタンと出版』一三六ページ）であることがわかっている。天正遣

欧少年使節が持ち帰ったラテン文字活字の中にはイタリック（斜体）活字がなかったことから、一五九四年頃に日本でイタリック活字の新規制作を試みたことが指摘されている。そして、その後「漢字・仮名活字の新鋳が一五九八年頃に成功し、二千五百字を越える漢字と豊富な異体字、多くの連綿仮名活字が金属活字として新鋳され、前期の（欧州製の）仮名・漢字活字を一掃した」（同前）のが「後期キリシタン版」であるが、『ぎやどぺかどる』はこの「後期キリシタン版」にあたる。右で「連綿仮名活字」と述べられているのが、本書でいうところの「連続活字」である。豊島正之は、『ぎやどぺかどる』の「連続活字」が「自立語（引用者補：の語頭）をまたぐ」（尾原悟編キリシタン文学双書『ぎやどぺかどる』三八〇ページ）位置には使われないという注目すべき指摘をしている。これは「連続活字」が使われているところには、自立語の切れ目がないということであり、これを工夫といってよいのであれば、「読みやすさ」にかかわる工夫といえよう。

図12の6行目に「人ごとに好む」とある。「ごとに」の箇所に三字連続の「連続活字」が使われていると思われるが、この「連続活字」を、例えば「まよひごとにかくに（迷い子兎に角に）」というような位置では使わないということである。「まよひごとにかくに」は筆者が考えた架空の例であるが、「まよひご／とにかくに」と自立語に分けることができるので、その二つの自立語に跨がるようなかたちでは「連続活字」を使わない。つまり、印刷のための版面をつくるにあたって、「連続活字」をどのように使うか

ということに関して、語句のまとまりがある程度意識されていたということになる。これはきわめて注目すべきことである。

また、一五九八年に刊行された『さるばとるむんぢ』(世の救い主)と呼ばれている典礼書は「後期キリシタン版」にあたるが、その中に「此一くはんの内初心の人々分別しがたかるべき／ことばの心を丶よそあらはす者也」(二十六丁表)という行りがある。この行りにおいては「心を丶よそあらはす者也」と印刷されており、「オヨソ」の「オ」に一字分の繰り返し符号(＝踊り字)があてられている。この例は、豊島正之が指摘している例であるが、このように、自立語の語頭に繰り返し符号をあてることは、一般的に、時代が下るにつれて減少していく。それは「丶」が語の切れ目を表示する機能をもつにいたったためであると思われる。同じ「後期キリシタン版」であっても、『ぎやどぺかどる』には「自立語先頭の踊り字は全て廃止されて」(尾原悟編キリシタン文学双書『ぎやどぺかどる』三八〇ページ)いることも豊島正之によって指摘されている。これも「読みやすさ」を確保するための工夫といってよい。

『ぎやどぺかどる』が出版されたのは、先に述べたように、一五九九年であるが、それに先立つ一五九八年には漢字辞書である『落葉集』が出版されている。『落葉集』においては、漢字二四〇〇字種が使われており、これが国字本の基本的な漢字集合を形成し確定させたと指摘されている。『ぎやどぺかどる』ではさらに漢字五〇字種が追加されているが、その追加は『落葉集』を一方に置いて行なわれていることを白井純が『キリシタンと出版』において指摘している。

2行目には「給ふ」、「奉り」、8行目には「如何」、11行目には「者也」とあって、「漢字+仮名」「漢字+漢字」の「連続活字」もあったことがわかる。「如何」の「如」字は極度に小さく、このまとまりが手で書かれる場合のありかたをよく反映している活字といえよう。

豊島正之は「「ぎやどぺかどる」には、漢字活字が存在しないという理由でやむなく仮名書きされた語は見当たらない。必要な字は全て用意する態勢で臨んだのが「ぎやどぺかどる」の印行であり、布教に効果的な漢語使用・漢字表記への要求は、「落葉集」「ぎやどぺかどる」に至って初めて満たされる事となった。（「落葉集」は字書であるから）、「ぎやどぺかどる」は、現存キリシタン版中、テキストとしては初めて十分な漢字・漢語表現を獲得した版本であると云う事が出来る。「ぎやどぺかどる」が、キリシタン版の精華・白眉と称され来ったのは、まことに故無しとしないのである」（尾原悟編キリシタン文学双書『ぎやどぺかどる』三七六ページ）と述べている。

漢字の訓をどれだけ知っているか

先に示した翻字をご覧になって、「少し読みにくいな」と思われた方もいるのではないだろうか。文語で書かれているということもあろうが、振仮名なしで使われている漢字がどのような語を書いたものであるのかがわかりにくいということが「読みにくさ」

の一因ではないだろうか。

例えば5行目に「人の心を起す策也」とある。この「策」字は「常用漢字表」においては、訓が認められていない。「例」として「策略」「政策」「対策」の三つの漢語が挙げられている。現代刊行されている小型の国語辞書の中には、漢字に関しての「情報」を載せているものが少なくない。『集英社国語辞典』第三版は帯に「このサイズで国語辞典+漢字字典+百科事典の3つの要素が1冊に！」とあり、漢字字典をも兼ねることが謳われている。この『集英社国語辞典』第三版で「策」字を調べてみると、「サク／はかりごと」とまずあって、造語成分としての説明が「①くわだて。計略」「②官吏登用試験の問題」「③（紙のない時代に）文字を書くのに用いた竹のふだ。竹簡。転じて、天子の命令」「④むち。つえ」とあり、独立して使われる場合の説明として「はかりごと。企て。計画」とある。つまり現代日本語の中では、〈はかりごと〉の語義で使われる「サク（策）」という一字漢語か、または同様に〈くわだて、計略〉の義として使われる二字漢語の成分であることが多そうで、訓がないこともあって、それ以外の理解がかなりしにくい。つまり④のような字義をもっているということがすぐにはわからない。それがいいとかわるいとかいうのではなく、現在はそういう状態になっているということである。

先に紹介した漢字辞書『落葉集』をみると、「策」字には「モトム・モトムル」「モト」「ナハ」「ハカリコト」「ムチウツ」「ムチ」「ウツ」という訓が施されている。つまり先に引いた④にあたる訓が、室町時代にはあったことがわかる。それがわかれば、「人の心を起す策也」は「人の心を起すムチなり」であることがわかる。

漢字字義、漢語語義の理解のしかたには幾つかのやり方があると思われるが、漢字字義は、その漢字字義とちかい和語を「訓」として当該漢字と結びつけるというやり方がずっと行なわれてきたといってよい。そして漢語語義は、結局はすでにある和語の語義との「兼ね合い」の中で理解するしかなく、その「すりあわせ」には「訓」が働いていたと思われる。二字漢語であれば、一字ずつに分解し、それぞれの漢字の「訓」を使って、二字漢語全体の語義を理解するというやり方は一見素朴にみえもするが、無理のないやり方であるともいえよう。一つの漢字に関して、「訓」を多数知っているということは、さまざまな文脈における、その漢字の使われ方を知っているということでもある。そうであるとすれば、「訓」を絞ることは、よく使う使われ方に絞って理解するということで、「効率的」である一方で、応用がきく範囲を狭めていることになる。このあたりは実際の言語生活において、その漢字がどのように使われているかということとの、まさしく「兼ね合い」であって、一律にどうするのがよい、とはいえないが、室町時代と現代との違いは「訓」という面において大きいといえるのではないだろうか。

読み書き能力が不十分な読者への配慮

序文の末尾に「不文字の人のよみ安からんが為に、消息の字を集め、かなをつけて／

此経の奥に記し置者也。是字の篇をもて尋ね知るべし。但し、篇を見分／難き字をば、一所に集め置者也」（句読点を補って引用した。／は改行位置を示す）とあって、「不文字の人」すなわち文字の読み書き能力が不十分な人のために、「ぎやどぺかどるの字集」と名付けられた簡便な漢字字書が附録されている。豊島正之によれば、「「字集」に現われる約二、六〇〇語の殆どは「ぎやどぺかどる」本篇に現われ（本篇に見出せない語は僅かに五四語）、一方、本篇中の漢字語彙約三、四〇〇語の八割方は「字集」に掲載されているので、「字集」は「ぎやどぺかどる」本篇に則した精選字書と呼ぶ」（尾原悟編キリシタン文学双書『ぎやどぺかどる』三七四ページ）ことができるものであるという。

「字集」は「字集」と名付けられているが、「肝要（かんよう）」「朦昧（もうまい）」「勝利（せうり）」などの漢語も収めている。今、ここではまず「訓」に着目してみたい。当然のことであるが、室町時代ということでいえば、それほど特殊な訓が附されているようにはみえない。一つの漢字に一つの訓が示されているのだから、室町時代までに当該漢字と安定した結びつきを形成した「定訓」（＝定まった訓）が置かれているとみるのが自然であろう。現代の訓、例えば「常用漢字表」に示された訓と対照すれば、当然そこには異なりを見出すことはできる。少し例を挙げてみよう。右振仮名以外に、漢字の下部に訓が置かれていることがあるので、それをここでは「字下訓」と呼んだ。「字下訓」が置かれている漢字は「定訓」が複数あることになる。

		右振仮名	字下訓	
1	味	くらむ		常用漢字表では音「マイ」のみ。
2	晩	くれ		常用漢字表では音「バン」のみ。
3	腸	はらはた		常用漢字表では音「チョウ」のみ。
4	健	すくやか	けなげ	常用漢字表では音「ケン」訓「すこやか」。
5	省	かへりみる	はぶく	常用漢字表では音「セイ・ショウ」訓「かえりみる・はぶく」。
6	呼	さけぶ	よぶ	常用漢字表では音「コ」訓「よぶ」。
7	咽	むせぶ	のど	常用漢字表では音「イン」のみ。
8	謐	しづか		常用漢字表には「謐」字なし。
9	恩	めぐみ		常用漢字表では音「オン」のみ。
10	演	のぶる		常用漢字表では音「エン」のみ。
11	科	とが		常用漢字表では音「カ」のみ。
12	餌	ゑば		常用漢字表では音「ジ」訓「えさ・え」。
13	布	しく	ぬの	常用漢字表では音「フ」訓「ぬの」。
14	害	ころす		常用漢字表では音「ガイ」のみ。
15	宴	さかもり		常用漢字表では音「エン」のみ。
16	策	むち		常用漢字表では音「サク」のみ。

17　席　むしろ　　　　常用漢字表では音「セキ」のみ。
18　禁　いましめ　　　常用漢字表では音「キン」のみ。
19　鬱　いきどほり　　常用漢字表では音「ウツ」のみ。
20　希　こひねがふ　　常用漢字表では音「キ」のみ。

右の1から20までの例をみていると、いろいろなことを考えさせられるし、いろいろなことがわかる。「常用漢字表」は現在の言語生活を視野に入れてつくられた表なので、それと室町時代の「字集」とを対照すれば、異なりがあることはいわば当然といえよう。だから、異なりがあるということそのものを問題にしたいわけではもちろんない。そうではなくて、およそ五百年前の日本語から現在の日本語までの五百年間にどんなことが起こったかということがまがりなりにも想像できそうな点がおもしろいということだ。

例5のように、「字集」の訓と「常用漢字表」が認めている訓とが完全に一致する場合がある。このような場合は、この漢字の訓に関しては五百年間に変化がないことになる。そうかと思えば、例12では「字集」に「ゑば」という訓がみえている。この「エバ」について、『日本国語大辞典』第二版は「エバミ（餌食）」の変化した語と説明している。「エバ」は室町時代の文献に少なからずみられる語であるが、「エサ」がまったくみられないわけでもない。また、そもそも「エ」という一音節の語形があることからすれば、「バ」や「サ」は後から下接したと考えることができ、語構成がもう一つわかりにくい語ではある。そうではあるが、現在は「エサ」という語形を使っているのであり、室町時代と対照した場合、「訓が変わった」とみることはできよう。

先に述べたように、「常用漢字表」は現在の言語生活に対応するようにつくられている表なので、必要最小限の訓に絞っているようにみえる。したがって、「常用漢字表」には訓をもたない漢字がかなりある。右の1・2・3・7・9～11・14～20は「常用漢字表」が音しか認めていない漢字であるが、こういう漢字にずっと訓がなかったわけではなく、右でわかるように、例えば室町時代であれば、訓があった。「常用漢字表」は当該漢字の使用例を示しているが、例7の「咽」字においては、漢語「インコウ（咽喉）」を例として示している。「ジビインコウカ（耳鼻咽喉科）」は日常生活でよく目にし、耳にする語である。漢語「インコウ（咽喉）」の「喉」字には訓「のど」が認められているが、実は「咽」字字義も〈のど〉であるので、漢語「インコウ（咽喉）」は〈のど＋のど〉で結局全体としても語義は〈のど〉であることになる。例9についても同様に考えることができる。「オンケイ（恩恵）」という漢語がある。「恵」字には訓「めぐむ」が認められている。右にあるように、「恩」字字義も〈めぐみ（めぐむ）〉であるので、漢語「オンケイ（恩恵）」は〈めぐみ＋めぐみ〉で全体としても語義が〈めぐみ〉であることになる。「常用漢字表」が「恩」字に訓「めぐみ（めぐむ）」を認めていないのは、「恵」字にそれを認めているので、「メグミ・メグム」という語を書きたい場合は、「恵」字を使いなさいということであろう。それはそれで、「筋がとおっている」と考える。しかし、平成二十二年の「常用漢字表」改定にあたっては、「妖」字を追加して、この字に音「ヨウ」訓「あやしい」を認めた。これによって、「常用漢字表」には「あやしい」という訓をもつ漢字がこれまであった「怪」と新たに加わった「妖」と二つ存在することになった。こうしたことは筆者には「筋がとおらない」と感じる。もちろん「妖」字の使用頻度がたかいことが確認されたから、この字が「常用漢字表」に入れられたということは理解する。しかしその際に、「あやしい」という訓を認めないでおくこともできる。実際、平成二十二年の改定で「嫉」字が「常用漢字表」に入れられているが、この字には音「シツ」を認めたのみで、訓「ねたむ」は認めていない。それは「妬」字がすでに表にあって、それに訓「ねたむ」を認めているからだと推測する。つまり「ネタム」という語に使う漢字は二つ必要ないと判断しているのだろうと推測する。この推測があっているかどうかはもちろんわからない。使用頻度を基準にするということはわかるが、そうした改定を繰り返していくうちに、表が一貫した理念から離れていく可能性はあるだろう。

「常用漢字表」は使う漢字字種そのものを制限しているといえるので、「漢字制限」である。豊島正之は、「キリシタン文献に於ては、制限的規範は漢字と特定の語（形態素）との結び付きに於てのみ存在し、漢字が他の語と結び付けられる事自体には制限が無い」（『活字印刷の文化史』九十三ページ）ことを指摘し、キリシタン文献は「漢字制限」をしているのではなくて、「漢字整理」をしているのだと述べる。首肯できるみかたである。

当時からすでにあった漢字の部首名

図13は「ぎやどぺかどるの字集」の冒頭箇所である。先に引用した序文に「字の篇をもて尋ね知るべし」とあるように、漢字の「篇」から求める漢字に至るようになっている。大きな○印の下に行書体あるいは草書体で書かれた篇が示され、その右に「ひへん」「つきへん」「にんべん」などと書かれている。このような部首名がすでにあったことがわかる。

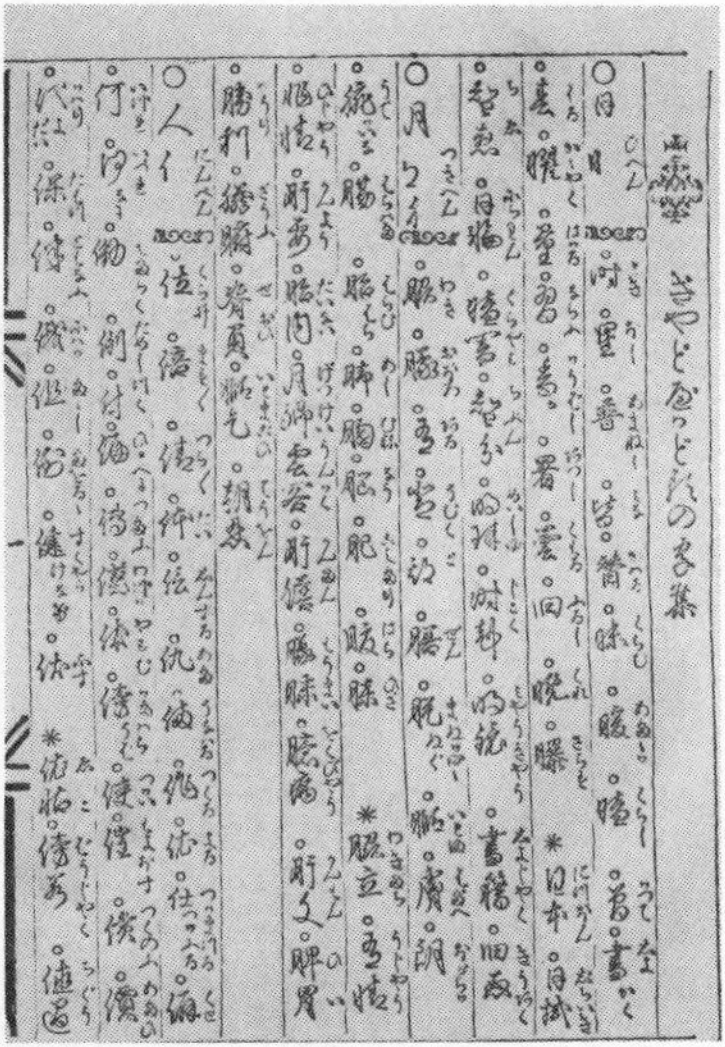
図13　ぎやどぺかどるの字集

右に挙げた三つの部首名や「ごんべん」「りっしんべん」「さんずい」「のぎへん」「けものへん」「ふるとり」「おおがい」「しめすへん」「ぎょうにんべん」などは現在と同じであるが、「女」は「にょへん」、「土」は「どへん」、「火」は「くはへん」(=かへん)、「阝」は「こざるへん」、「食」は「じきへん」、「巾」は「きんべん」、「子」は「すてごへん」、「宀」は「うかんむり」ではなく「うかむり」、「艹」は「くさかんむり」ではなく「そうこう」、「門」は「もんがまえ」ではなく「かどがまえ」となっている。現在は「おんなへん」「つちへん」「ひへん」といっている篇が「にょへん」「どへん」「かへん」であることなどからすると、やはり現在よりも漢語が力をもっていたことが窺われる。

4　秀吉・家康にも愛された日本語の名手——通事ロドリゲス

ポルトガル北部セルナンセーリェ出身のイエズス会司祭にジョアン・ロドリゲス・ツーズ（João Rodriguez Tçûzu）（一五六一～一六三三）と呼ばれる人物がいた。日本語の運用能力がたかく、「Tçûzu」（通事）の通称をもっていた。ロドリゲスは通常は『日本大文典』と呼びならわされている『日本文典』（一六〇四～一六〇八年、長崎刊）と、簡潔な「小文典」（一六二〇年、マカオ刊）の二つの「文典」を著わしている。

ロドリゲスの「大文典」は、室町時代の日本語の正確な把握、理解を、豊富な使用例をもって示した画期的な著作といってよく、当時の日本語を研究するにあたっての必須の文献として今日も高く評価されている。

ロドリゲスの名は夙《つと》に、エメ・ヴイリヨン『日本聖人鮮血遺書』（明治二十年刊）（引用に際して依ったものは、大正十五年に姉崎正治らが監修した、日本カトリック刊行会から出版された「訂正増補第六版」にみえる。この書名は振仮名によれば、「やまとひじりちしほのかきおき」と読むべきものと思われる。著者のヴイリヨン師は、パリ外国宣教会所属のフランス人宣教師で、明治元（一八六八）年に来日し、神戸、京都、山口、萩、奈良などで布教活動をしたという。右の書には、秀吉の命令によって宣教師を監視することになった時に、フランシスコ会の宣教師は監視しているのに、イエズス会の宣教師を監視しないのはなぜか、という問いに対して、石田三成が「イエズス会の布教師の居宅に之《これ》を置かざるは、（中略）将軍の通弁官ロドリゲー師のあればなり。且つイエズス会の布教師は、能く将軍の命に従ひ、聊かも罪を犯す事なければ、之を罰するの理もなし」（三十九ページ）と言ったという記事がある。この「ロドリゲー師」がすなわちロドリゲスと思われる。

ところで、マヌエル・アルヴァレス（Manuel Álvares）（一五二六〜一五八三）の著わしたラテン語の文法書『*De institutione grammatica*』（一五七二年、リスボン初版）の簡略版（一五八三年、リスボン版）に依拠したものが、一五九四年に天草で出版されたキリシタン版『ラテン文典』で、それには日本語で用例や注釈が付けられており、ロドリゲスの「大文典」に先行する、ラテン語文法の枠組みに沿った初めての日本語文法書とされている。ロドリゲスはアルヴァレス文典に影響を受けていたこと、そしてキリシタン版『ラテン文典』をみていたことが指摘されている。

図14　『ラテン文典』扉ページ

図14はキリシタン版『ラテン文典』の扉ページ。カルロス・アスンサン、豊島正之［翻刻・解説］『天草版ラテン文典』（二〇一二年、八木書店刊）から引用させていただいた。キリシタン版『ラテン文典』は現時点では、右の書の底本となっているポルトガルのエボラ公共図書館本と、ローマのアンジェリカ図書館本の二本の存在が知られているのみである。

ロドリゲスがイエズス会の通事として、豊臣秀吉、徳川家康の知遇を得ていたことはこれまでに指摘されている。福島邦道は『続キリシタン資料と国語研究』（一九八三年、笠間書院刊）において、「秀吉のキリシタン禁令の緩和のため、ヴァリニァーノは帰朝したばかりの天正使節の伊東マンショたちを伴って、天正十九年、聚楽第において秀吉に会った。その通訳はロドリゲスであった。秀吉は、まじめな人柄で、日本語を上手にあやつるロドリゲスに初めて接し、強く心を打たれた」（二六〇ページ）、「日本のカトリックの総括者であるマルティネスが来日した時も、ロドリゲスを連れて秀吉を伏見城に訪ねている」（同前）、「秀吉は人間的にロドリゲスをこよなく愛したが、キリスト教を理解することはできなかった」（同前）、「人柄のよいロドリゲスは多くの日本の高官たちの知遇を得たが、なかんずく家康の寵愛を受けた」(同前)、「ロドリゲスは、家康を、ある時は伏見城に、ある時は駿府にまで訪ねている」(同前) と記している。ロドリゲスは慶長十五 (一六一〇) 年にはマカオに追放され、そこで『日本小文典』を刊行するが、一六三三年にはマカオで病没する。

岡本良知『豊臣秀吉』(一九六三年、中公新書) は、慶長五 (一六〇〇) 年度の「年報」(一六〇三年、リスボン刊) の冒頭に載っている「秀吉伝」に「九月四日 [慶長三年八月四日]、彼 [秀吉] が病床についたとき、通訳のパードレ、ジョアン - ロドリーゲスは、毎年中国から渡来する [ポルトガル] 船が [長崎へ] 入ったおり慣行してきたるとおりに、カピタン・モールに代って、立派なる贈物をば携えて、彼のもとに伺候すべきポルトガル人数人をば伴うて、伏見に到着した。一行のものは、彼に使命を上申した。それから、彼は贈物を一瞥《いちべつ》してのち、パードレのジョアン - ロドリーゲスひとりを [その室に] 入らしめた。パードレは、一枚の絹の掛布団と数枚のビロードの敷布団とのあいだに身を横たえ、やつれきって、痩せ衰えて、かろうじて人間の姿を保っている彼を、見出した」(一六〇ページ) とあることを紹介している。岡本良知は、この「年報」は「イエズス会士フェルナン - ゲレイロが、秀吉の生前数十年間にわたってイエズス会士らが西欧に送った『年報』によって、新たに編述したものである。それゆえ、虚実を識別せずに纏めあげた点もあって、事実らしくして事実に反するところも多いのである。とはいっても、すべてがこの編纂者の虚構したものではもちろんない」(一六一ページ) と述べている。ロドリゲスが、秀吉の病床を見舞ったとすれば、やはり「そういう時代」だったといわざるをえない。秀吉は慶長三（一五九八）年八月十八日に死去するが、それは右の面会の十四日後のこととなる。右の面会で、秀吉はロドリゲスと「生前再び会ふことを得た悦びを述べ、常に来訪することを忘れなかった厚意を謝して、米二百俵・日本服一着に小船一艘を添へて賜うた」（一九六ページ）ことが土井忠生『吉利支丹語学の研究　新版』（一九七一年、三省堂刊）に述べられている。

それでは、次に、日本語についてロドリゲスがどのように観察し、記述しているかについて、具体的にみてみよう。おもに「大文典」の記事を参照する。「大文典」は土井忠生訳『ロドリゲス日本大文典』（一九五五年、三省堂刊）によるが、この本は古典仮名遣いで書かれているので、それを現代仮名遣いに改めて引用した。

ロドリゲスの日本語観察――漢字と仮名とについて

「大文典」は三巻に分かれているが、第一巻の「綴字法に就いて」には次のように記されている。

日本人や中国人は「我々が持っているような自由字のアルファベトを持たないで、意味を示す所の記号、又は象形字を用いて書く。（中略）その数は、あらゆる種類の典籍を通算して、二〇九七七〇あると言われている。」「読み方に関しては、これらの文字がそれぞれに二通りの読み方を持っている。即ち一は、Coye（こえ）と呼び、（中略）他の読み方は日本人が与えたものであって、Yomi（よみ）と呼び、前者の註解のようなものである。」「その形に関して言えば、各文字に三つの字体がある。換言すれば、三通りに書かれる。それを一般にXin（真）、Sŏ（草）、Guiŏ（行）と呼ぶ。その中で最初にして重要な地位にあるのが「真」と呼ばれるものであって、他の二つが派生する基本となっている。第二は「行」又は「Xinnoguiŏ（真の行）」と呼び、第一のものが幾分か崩れて出来たものである。第三は「草」又は「Xinnosŏ（真の草）」と呼び、第一及び第二のものが甚だしく崩れて出来たものである。これら三種の字体は、その読み方即ち「こえ」が同じであり、意味も同じである。」「日本人は（中略、引用者補：漢字の）一つ一つに三種の字体即ち「真」「行」「草」を使っている。ただ「草」と「行」とは、日本人が別の名で「Xŭsocu（消息）」と言っている」（二二一〜二二二ページ）

右では漢字のことについて述べている。漢字が「二〇九七七〇ある」という情報が何によっているのかは不明であるが、それはともかくとして、漢字の「読み方」に「よみ」と「こえ」、すなわち現在いうところの「訓」と「音」とがあるということが観察され、かつ「よみ」すなわち訓が、音の「註解のようなものである」という認識は的確である。筆者はこれまでもさまざまな場所で繰り返し述べてきたが、漢字字義と和語とを結びつけて「訓」とし、その訓によって漢字字義、また漢字によって構成される漢語を理解するというのが、漢字、漢語理解の基本的なかたちであると考える。そのことがきちんと認識されている。

また漢字の「三つの字体」、真・行・草についても把握されている。真＝楷書体が「他の二つが派生する基本となっている」という認識のしかたが、当時の日本語母語話者にあったのか、そうではなくて、ロドリゲスを初めとする来日していた宣教師たちの認識であったのかはわからないが、いわば現代と重なり合うような認識のしかたがあったことがわかる。行書体、草書体を「シュウソク（ショウソク（消息））」と呼ぶことがあったということもわかる。いうまでもなく、これは消息＝書簡文を書くのに使われる字体という意味合いであって、「真／行草」という字体把握のかたちがあったことを窺わせる。ロドリゲスの認識が、来日しているイエズス会宣教師の活動に影響をもたなかったはずはなく、キリシタン版の国字本で使われている漢字が楷書体ではなく、行草体であることからすれば、そこには、実際に流通している漢字字体を学ぶという目的があったと考えるのが自然であろう。

右の記述に続いて、ロドリゲスは弘法大師が仮名をつくった、という現在では否定されているみかたを示し、仮名についての記述を展開する。

この表（引用者補：いろはの表のこと）は不適当ながらも日本のアルファベトと呼

ばれ得るけれども、やはり日本人はアルファベトを持たないと言い得るのである。何故かというに、これは単に無智な者や婦女子が、余り大切でないものを書くのに使うのであって、書状とか重要な文書とかその他所謂公のものとかに使わないからである。

ロドリゲスが目にした文書、文献がどのくらいの広がりをもっているのかも不分明といえば不分明であるが、「大文典」を著わした人物が日本語に関して片々とした知識、情報しかもっていなかったという想定は不自然で、適切な情報をもった上での発言であるとみたい。ロドリゲスが挙げた、「書状とか重要な文書とかその他所謂公のもの」は漢文もしくは「漢字仮名交じり文」で書かれているはずで、必ずしも漢字のみで書くということだけを意味しているのではないと考えるが、その対極に、ほとんど仮名のみで書く「仮名文」というものを考えた場合、「仮名文」の公性の低さは当然あった、と考えなければならないだろう。

「すみ」と「にごり」

ロドリゲスは「他の綴字に変えられる「いろは」の綴字」という条において、「点を打ったものを「Nigori（にごり）」、又は「Nigoru（にごる）」と呼んでいるが、その語は水の濁る意であって、それらの綴字が初の読み方を失って別のものに変り、別のものとして発音されるというのである。そうして綴字を変えることなく初の本源のままに使う場合には、「Sumi（すみ）」、又は「Sumu（すむ）」というが、それは澄むとか、ある濁るものが澄んでいるとかの謂である。別の綴字に変えられるものは次の通りである」と述べ、一覧表を示す。そこでは、例えば「Fa（は）」を「Ba（ば）」「Pa（ぱ）」「Va（わ）」に変えるというような表示のしかたが行なわれている。

現在、小学校で平仮名、片仮名を教えるにあたって具体的にどのようにしているかは、細かくかつ具体的にみれば、教育現場ごとに異なる可能性はあろう。その一方で、例えば小学校一年生用の教科書『こくご一上』（二〇一〇年、光村図書出版刊）は末尾に「ひらがなひょう」が附録されている。そこには「がぎぐげござじずぜぞだぢづでどばびぶべぼぱぴぷぺぽ」が示されている。このことからすれば、この「ひらがなひょう」においては、「は」に濁点を付けたものが「ば」ではなくて、清音仮名「は」の他に濁音仮名「ば」、半濁音仮名「ぱ」があることになる。これは現在日本語を母語として使っている者の「認識」と一致しているのだろうか。

それはそれとして、歴史的にみれば、濁音音節に必ず濁点を付けるようになるのは、明治時代の中期以降ではないかと思われるので、それまでは、「か」という仮名が「カ」「ガ」いずれの音節もあらわしていた。つまりこのような書き方をしていた時期には濁音仮名はなかったことになる。室町時代においても、濁音音節に必ず濁点を付けていたわけではないので、濁「点を打」つという「認識」は自然であると考える。

いわゆる「半濁音」が日本語の音韻として意識されるようになったのがいつ頃であるのかということについては定説をみないが、キリシタン版の国字版には半濁音符＝半濁点がみられる。例えば慶長三（一五九八）年に刊行された『さるばとるむんぢ』には「ぱあてれ」「すぴりつさんと」「ぷるがたうりよ」「ぺにてんしや」「ぽろしも」などの例がみられる。それぞれ「Padre」（神父）「Spirit Sancto」（聖霊）「Prugatorio」（煉獄）「Penitencia」（悔悛）「Proximo」（近親、隣人）をあらわす西欧語の仮名書き語形にあたる。また同じ慶長三年に刊行された『落葉集』には「一歩」「一編」「一匹」「一本」「一飯」の「歩」「編」「匹」「本」「飯」の振仮名として「ぽ」「ぺん」「ぴき」「ぽん」「ぱん」などとあり、半濁音符が多くみられる。**図15**は『さるばとるむんぢ』であるが、三行目に「ぱあてれ」とあって、半濁点がはっきりとみえる。『サルバトール・ムンヂ』（一九七八年、雄松堂書店刊）から引用させていただいた。

「は」に濁点を打つと「ば」になり、半濁点を打つと「ぱ」になり、（「大文典」にそうは書いていないけれども）語中語尾にある「は」を「ワ」と発音する、という「表記システム」は、日本語を母語としない宣教師たちにとっては、わかりやすくはないことは容易に想像できる。「は」を「ワ」と発音するのは語中語尾に限られているが、「は」を「バ」と発音したり「パ」と発音したりするのは、位置による制限がない。一つの仮名が「ハ」「バ」「パ」（「ワ」も含めれば四つ）という三つの発音をするということを回避するためには、やはり「バ」と発音する場合には、それが濁音音節であることを明示す

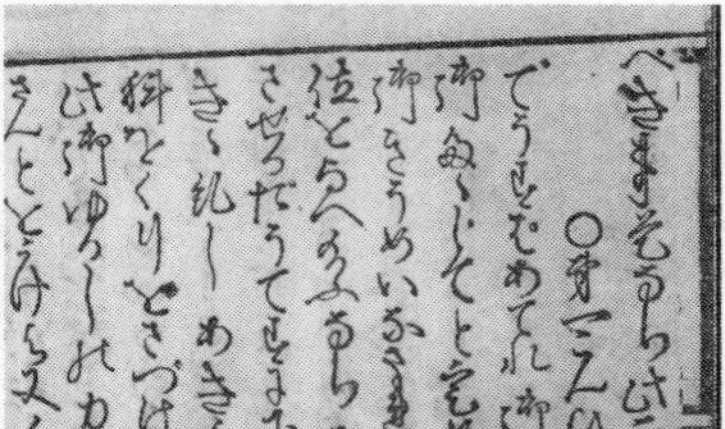

図15『さるばとるむんち』

る符号＝濁点をつけ、「パ」と発音する場合には、それが半濁音音節であることを明示するための符号＝半濁点をつけるというやり方が自然である。

先に述べた、「語中語尾にある「は」を「ワ」と発音する」ということは当時の日本語母語話者にどれくらい意識されていただろうか。右の音韻変化が起こったのは西暦一〇〇〇年ぐらいのことと推定されている。したがって、西暦一〇〇〇年以降は英語「river」にあたる和語の発音は現代と同じように「カワ」となった。しかし、西暦一〇〇〇年以降にこの語が仮名で「かわ」と書かれた例を目にすることはほとんどない。ずっと仮名で「かは」と書いてきた語だから、発音が（おそらくは変わったとも認識されていない可能性があるが）変わっても、語の書き方としては「かは」と書くという認識であったのだろう。また、日本語母語話者は仮名一文字一文字を記号的に発音に結びつけていくわけではなく、「かは」という文字連続を「カワ」という発音に結びつけているはずで、そうであればなおさら、「語中語尾に位置する仮名「は」は「ワ」と発音する」というような認識は薄いと思われる。語とそれを書く文字、文字と発音ということは、日本語を母語としないキリスト教宣教師には鮮明に意識されていたと思われ、その「意識」が当時の日本語についての「情報」を与えてくれる。

いわゆる「方言」へのまなざし

第二巻には「卑語（Barbarismo）」という条が設けられている。そこには「日本の或国々には多くの特有な言い方や言葉があって、それを「Cuni quiõdan（国郷談）」と言っているが、ある国又は地方に特有な言葉という意味である。発音に関してもまた多くの訛がある。これらのものは、この国語に於いては粗野であり有害でもあるから、それを理解し、そうして避ける為に知って置かねばならない」（六〇七ページ）と記されており、いわゆる「方言」があることが認識されている。右の記述に続いて、「MIYACO（都）」「CHUGOCV（中国）」「BVNGO（豊後）」「FIIEN（肥前）」「FIGO（肥後）」

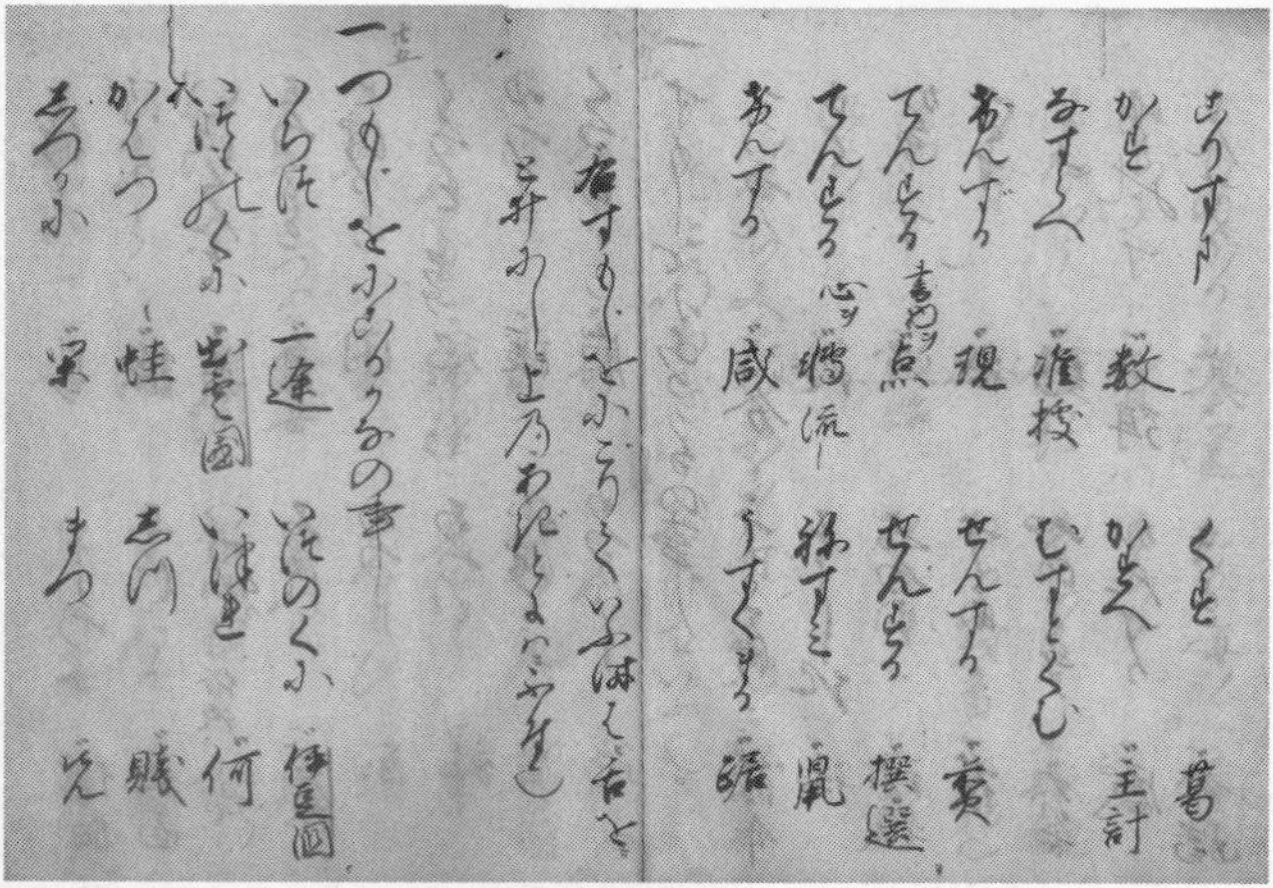

図16　清泉女子大学図書館蔵『新撰仮名文字遣』

「CHICVGO（筑後）」「CHICVIEN（筑前）」「FACATA（博多）」でどのような語が使われているか、あるいはどのような発音がなされているか、が述べられている。

「MIYACO（都）」に関しての記述では、「ジ」と「ヂ」、「ズ」と「ヅ」との発音が混同されていること、すなわち「四つ仮名」の混同と呼ばれる現象について述べ、「立派に発音する人もいくらかあるであろうが一般には」混同していると指摘している。現在の共通語では、「ジ」「ズ」を使い、「ヂ」「ヅ」は使われていないが、それらにはもともとは発音に区別があった、つまり日本語の音韻として区別があった。四つの音韻が区別を失って二つになったということであるが、ロドリゲスの記述によれば、そうした混同が、「大文典」が刊行された当時の「MIYACO（都）」ではかなり進行していたことが窺われる。永禄九（一五六六）年に編まれたと思われている『新撰仮名文字遣』と名付けられた仮名遣書にはこの「四つ仮名」について記述された条が備わっており、この仮名遣書が永禄九年に編まれたのだとすれば、その頃すでに、「四つ仮名」の混同がはっきりと意識されることがあったことになる。ここで、注目しておきたいことは、「四つ仮名」の混同が進行する時期に、その区別を保った発音をしないことが「卑語」ということと結びつけられていることである。

キリシタン版ではない文献にも「四つ仮名」の混同を見出すことはもちろんできる。キリシタン版においては、むしろそうした混同例は少ないともいえるが、それはラテン文字によって、ある日本語をどう綴るか、という綴り方としての把握があったからではないだろうか。それでも、天草版『エソポのファブラス』においては、「ネズミ（鼠）」を「nezzumi」と二度（四四二ページ六行目・七行目）印刷し、その一方で、それ以降の九行目、十二行目、十三行目、二十二行目においては「nezumi」と印刷していることが指摘されている。キリシタン版においては、「ズ」を「zu」で、「ヅ」を「zzu」で綴っている。「ネズミ」の「ズ」はそもそもは「ズ」であったので、「nezumi」と綴るのが正則であるが、それを二度、「ネヅミ」に対応する綴り「nezzumi」で印刷しているということである。何をさているなことを、と思われたかもしれない。しかし言語の変化はあからさまなかたちで文献に「足跡」を残さないことが多い。「書く」という言語行為は、いつでも何程か「保守的な枠組み」の中にあるのであって、「四つ仮名」の混同のように、発音面での変化はなかなか文献にはあらわれてこないのが通例である。右の例の場合、印刷に際しての誤植ではないかと思われた方もいるかもしれない。しかし、「ズ」は「zu」と綴っていたのであって、一つでよい「z」をわざわざ二つ重ねていることにも注目したい。

もちろんこの例だけで何かを主張することはできないが、天草版『平家物語』の中にも「四つ仮名」の混同を思わせる例があることがわかっている。「クズ（葛）」が「cuzzu」と綴られた例がみられる。あるいは弓の「ハズ（筈）」を「fazu」と正則に綴る一方で、「ハヅ」に対応する綴り「fazzu」で印刷している箇所がある。この二例については、キリシタン版以外の「国内文献」にも同様の例を見出すことができることからすれば、あるいは「ハズ」という発音と「ハヅ」という発音とが（誤りということではなく、つまり両方の発音がそれ相応の勢力をもって）行なわれていた、とみるのがよいかもしれない。そうであるとすると、「四つ仮名」の混同の例としてみなすことには慎重であるべきことになるが、これらの他にも「四つ仮名」の混同を示していると思われる例が幾つか指摘されている。ここまでの述べ方であるいはおわかりかもしれないが、キリシタン版には「四つ仮名」の混同例と思われる例が頻出するわけではなく、むしろ大部分の語は正則に綴られている。むしろ正則に綴られ過ぎているとみるべきかもしれない。それは先ほど述べたように、綴りとしてとらえられていたということがありそうで、しかしだからこそ、少数みられる正則ではない綴り方には注目したい。

さまざまな文体の違いへのまなざし

第三巻は冒頭に「本巻では日本の文書を書くのに用いられる文体とこの国語の色々な数え方とに就いて述べる」とあって、それに続いて「私の目的は、この巻に於いて、文書に見られる色々な文体に就いて述べる事にある。文書にのみ使われる動詞や単語が多数あり、そこに用いられる成句や動詞の語尾及び助辞は日常の話し言葉とは異なっているのである。従って、この国の文書の文体は極めて荘重且典雅な一種の文体であって、書くという方法をとる場合にのみ使われ、その形では、話す場合の日常の文体として使われることはないのである」と述べている。「書きことば」と「話しことば」とに相当の「距離」があることを的確にとらえた記述といえよう。

右の記述に続いて、ロドリゲスは文書の文体を①「「よみ」の混じない「こえ」のみから出来ている」文体②「「こえ」と「よみ」とが一緒になって」いる文体③「「こえ」のまじらない「よみ」のみ」の文体の三つに分ける。そして①は本来は中国のものであり、「Bonzos（坊主）」が「その宗門の書物を読誦する時にのみ用い、最もわかりにくいもの」であるという。これは古典中国語文＝漢文体とみてよいだろう。そして②を「我々のいう教会の文体」、③を「世俗の文体」のようなものだと述べる。ロドリゲスはこの記述に続けて、「NAIDEN（内典）の文体に就いて」「GVEDEN（外典）の文体に就いて」という二つの条を設けているので、それぞれが②、③に対応するとみるのが自然であるが、②を「漢文訓読系の文体」、③を「仮名文体」とみると、それぞれの条で述べられていることとそぐわない点が生じる。「GVEDEN（外典）の文体に就いて」の条では「Vtais（謡）」「Sŏxis（草子）」「Monogataris（物語）」の文体についてふれている。「Vtais（謡）」「Sŏxis（草子）」の文体については「極めて優美な一種の文体であって、一般に「よみ」の語が使われ、ある音節の韻脚から成る一種の韻律を持って居る。他のものと混合した詩的文体である」と述べ、「Monogataris（物語）」については「二つの文体に分れる。一つは荘重であって、「平家物語」「平治物語」「太平記」などのような歴史の文体である。今一つは「伊勢物語」などのような「Sŏxis（草子）」風のものである」「これら文体の終りは一般にMoqueri（もけり）、Tari（たり）、Zoqueru（ぞける）、Zocaxi（ぞかし）、Famberu（侍る）、Saburŏ（さぶらふ）、Texi（てし）、Tengueru（てんげる）などで結ばれる」と記されている。『平家物語』や『平治物語』『太平記』には漢語が使われているので、これらを「「よみ」のみの文体」と呼ぶことはできない。しかし、「ゾケル」で結ばれるという観察には注目したい。ちなみにいえば、『平家物語』はローマ字本が、『太平記』は国字本が出版されている。

改めていうまでもなく「ゾケル」とは、係助詞「ゾ」を文中で使い、「結び」が助動詞「ケリ」の連体形「ケル」になっているということを述べているのであって、『平家物語』他、名前のあがっている作品においてそうした形がどのくらい使用されているかということよりも、それを一つの「文体」ととらえていることには注目しておきたい。室町時代においては、すでに「コソ」以外の係り結びは終焉していたといってもよいはずで、そうした中にあって、「ゾケル」を一つの形式としてとらえるロドリゲスの「目」には驚かされる。

どんな人名を挙げているか

「大文典」には人名が少なからずみられる。次に挙げてみよう。まず「大文典」にでてくるローマ字表記を挙げ、それの「よみ」にあたるものを漢字仮名交じりで次に示し、それが具体的にいかなる人物をあらわしているのかを次に示した。

1　Arima Xurino daibu　有馬修理の大夫　有馬晴信（一五六七〜一六一二）
2　Caguecatçu　景勝　上杉景勝（一五五六〜一六二三）
3　Curŏda Chicujenno cami　黒田筑前守　黒田長政（一五六八〜一六二三）
4　Tacayama Vcon　高山右近　高山右近（一五五二〜一六一五）
5　Daijŏ daijin Fideyoxi　太政大臣秀吉　豊臣秀吉（一五三六〜一五九八）
6　Nobunaga　信長　織田信長（一五三四〜一五八二）
7　Iyeyasu　家康　徳川家康（一五四三〜一六一六）

8 Sôrin 宗麟 大友宗麟（一五三〇〜一五八七）
9 Yoximune 義統 大友義統（一五五八〜一六〇五）
10 Fideyori 秀頼 豊臣秀頼（一五九三〜一六一五）

「大文典」には「Côxi（孔子）」「Xŏtocu taixi（聖徳太子）」「Iimmu Tenvŏ（神武天皇）」「Yoritomo（頼朝）」のような、いわば歴史上の人物名ももちろんみられるが、右に挙げたように、同時代に生きた人物の名も少なからずみられる。これらの人物の多くに、ロドリゲスは実際に接していたと考えてよいだろう。黒田長政は、黒田官兵衛の嫡男。有馬晴信、高山右近、大友宗麟はキリシタン大名として知られている。

どんな地名を挙げているか

右では「大文典」にみられる人名を挙げた。ルイス・フロイスの『日本史』にも人名や地名などの固有名詞が多く記されている。ここでは同書にみられる地名をとりあげてみよう。平凡社から刊行されている『日本史』5（東洋文庫）に附録されている「地名索引」に挙げられているローマ字綴りをそのまま掲げることにする。ルイス・フロイスが日本語の発音をどのようにローマ字で表記しようとしていたか、ということをまず検証しなければならないが、キリシタン版における表記とほぼ重なるものと前提することにしよう。その上で、左に掲げた1〜15をみると、濁音の前に撥音があることを思わせる綴り方が少なからずみえる。1の「Anzuchi」は片仮名で書けば「アンズチ」と書きそうだし、7の「Canga」も「カンガ」と書けそうである。2・3・8・11〜15も同様の例にみえる。9は「コーフクジ」ではなく「コーブクジ」と発音されていたことを思わせるし、10は標準的な発音であるかどうかわからないけれども、「サヌキ」を「サノキ」と発音することがあったことを推測させる。室町時代には[u]と[o]との母音交替例は少なからずみられる。「タヌキ（狸）」を「タノキ」と書いた例、「クヌギ（櫟）」を「クノギ」と書いた例などがある。

1　Anzuchi　安土
2　Axicanga　足利
3　Ynga　伊賀
4　Yra　飯良（肥前）
5　Isafai　諫早（肥前）
6　Vozaca　大坂（摂津）
7　Canga　加賀
8　Cangoxima　鹿児島（薩摩）
9　Cobucuji　興福寺（大和）
10　Sanoqui　讃岐

11 Tenguma 手熊（肥前）
12 Nangoya 名護屋（肥前）
13 Nangasaqui 長崎
14 Firando 平戸（肥前）
15 Fucunda 福田（肥前）

先にも述べたように、ロドリゲスの「大文典」はこの時期の日本語のあり方を探るために必読の文献といってよい。それゆえ、記事が正確に当時の日本語のあり方をとらえているかどうかについてはつねに注意する必要もあるが、おおむね妥当といってよい。興味を持たれた方は、是非、公共の図書館などで、『ロドリゲス日本大文典』を手にとってみてほしい。

元ポルトガル駐日大使であったアルマンド・マルティンス・ジャネイラ氏の著書『*O Impacte Português Sobre a Civilização Japonesa*』を松尾多希子が日本語訳した『南蛮文化渡来記　日本に与えたポルトガルの衝撃』（一九七一年、サイマル出版会刊）の「宣教師の見た日本文化」の章に「宣教師は、日本の習慣、日本の社会組織の特殊性、日本人のものの考え方と文化をふかく研究した。一七世紀に書かれた日本にかんする著作のいくつかは、深遠さと識見の高さにおいて他に追随を許さない大傑作である。日本宣教の使徒のうち三人がとりわけぬきんでている。すなわちジョアン・ロドリゲス、ルイス・フロイス、アレシャンドレ・ヴァリニャーノである」（七十三ページ）と述べ、ロドリゲスについては、「ふたりの為政者、秀吉と家康の信任あつく、長崎における秀吉の通商代理人をつとめ、かれの死の床にもつきそっていた」（同前）と述べている。

二〇一四年のＮＨＫの大河ドラマ『軍師官兵衛』には宣教師ルイス・フロイス、ヴァリニャーノが登場する。二人は信長に地球儀を与えたりしているが、残念ながらロドリゲスは登場しない。通訳は地味な存在でドラマの登場人物にはなりにくいのかもしれないが、もっとも具体的にポルトガル語と日本語とをつないだのが「通事」であるともいえ、言語のつながりによって、文化のつながりのきっかけがもたらされるとすれば、ロドリゲスの果たした役割がもっと注目され、評価されてもよいのではないだろうか。

第四章

豊臣秀吉のリテラシー

「リテラシー」は「読み書き能力」といってよい。本書は「戦国の日本語」を書名としている。「日本語」は「話しことば」と「書きことば」とに分けることができる。信長がどのように話し、秀吉がどのように話していたかがわかるとおもしろい。室町時代は、それ以前の時代に比べるときわめて多くの文献が残されている。残されている文献の中には、当時の「話しことば」を窺わせるような日本語で記されているものもある。だから、前の時代よりも、室町時代の方が、「話しことば」についての「情報」は多い。それでも、それは「書きことば」として記された「話しことば」についての「情報」である。だから、それは「話しことば」そのものではない。結局、確実であるのは、室町時代の「書きことば」について、ということになる。そうしたこともあるので、ここでは「リテラシー」について述べていくことにしたい。

秀吉以外の戦国武将に関わる文書ももちろんある。しかし、秀吉は残されている文書が非常に多い。戦国武将に関わる文書のほとんどが書状である。書状は通常は漢文で書かれている。そして書き手も、右筆と呼ばれる文書の作成、管理を職とする人物の手による場合が多い。右筆が書いた書状からでは、戦国武将のリテラシーを窺うことはできない。

秀吉に関わる文書は少なからず残されており、一万点以上あるとされている。そうした文書には、朱印状のような公文書と書状や消息のような私文書とがある。朱印状は右筆の書いたものに、秀吉が朱印を押したもの、書状は右筆の書いたものに花押を書いたもので、消息は主として秀吉自身が書いた「仮名文」のものをいう。秀吉自筆の消息は八十点以上が現在も残されている。

さて、織田信長の中国経略は天正五（一五七七）年七月頃から始まる。秀吉はまず播磨に入り、姫路城の城主であった小寺（黒田）職隆《もとたか》の子であった官兵衛孝高《よしたか》を（表現はよくないが）てなずけようとした。図17はそのために秀吉が官兵衛孝高に与えた書状であると考えられている。NHK大河ドラマ『軍師官兵衛』でもこの手紙のことが描かれており、谷原章介扮する竹中半兵衛が、そのようなものがあるから目がくらむのだ、と官兵衛に言って、その手紙を焼こうとする場面があった。手紙には「七月廿三日」としか記されていないが、天正五年のものとされている。次に手紙の翻字を示す。読点を施した。図17は『豊太閤真蹟集』（一九三八年の覆刻、一九七六年、東京大学出版会刊）から引用させていただいた。以下、秀吉の書状の図版はすべて同書から引用させていただいている。

なを〳〵、其方と
我ら間からのきは、よ
そより人とさけ
すみもあるましく
候間、なに事をもそれへ
まかせ申候ても、よそより
のひたちあるましくと、人も
はやみおよひ候と存候
我らにくみ申物は、其方
までにくみ申事あるへく候
其心へ候て、やうしんと
あるへく候、さい〳〵御ねんころに
わもされす候間、ついてを
もて、ねころに申入候、此文み
ゑもすましく候間、さけす
みにて御よみあるましく候、以上
内々の御状うけ給候
いまにはしめさる

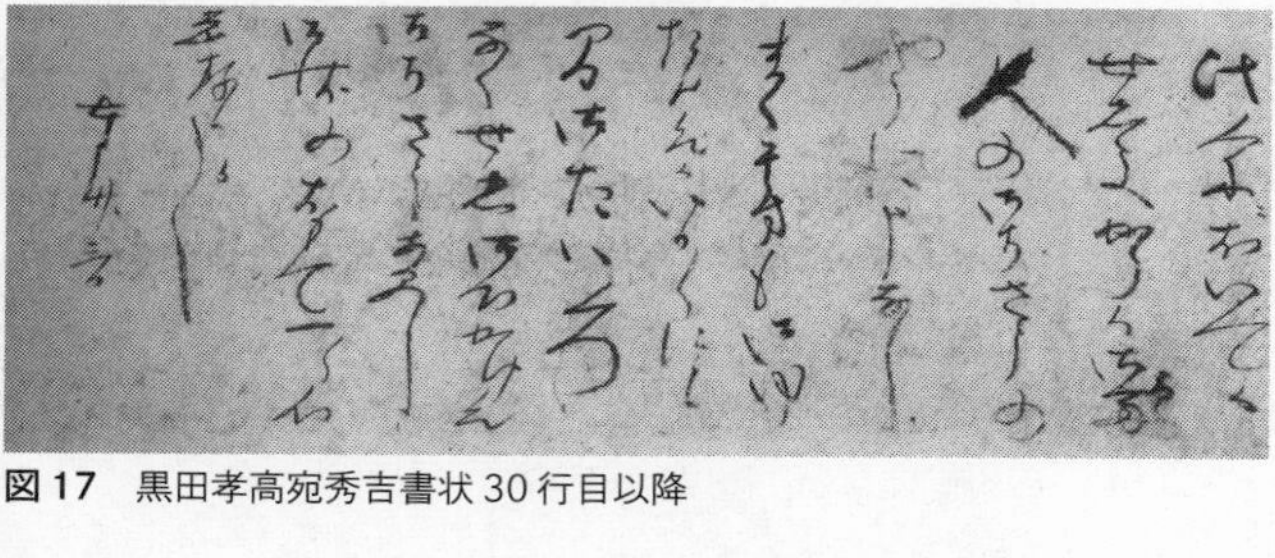
図17　黒田孝高宛秀吉書状30行目以降

19 と申なから、御懇之
20 たんせひにをよ
21 はす候、其方の
22 きは、我らおとゝの
23 小一郎めとうせん
24 に心やすく存候
25 間、なに事を
26 みな／＼申とも
27 其方ちきたんの
28 もて、せうし御さ
29 はきあるへく候
30 此くににおいては
31 せしよからは御両
32 人の御ちさうの
33 やうに申なし候
34 まゝ、其方も御ゆ
35 たん候てはいかゝに候
36 間、御たいくつ

なく、せし御心かけ候て
御ちさうあるへく候
御状のおもて一〳〵心
ゑ存候、かしく
七月廿三日
より
小□□ん　まいる御返事　ちくせん

まず1～16行目は追而《おって》書きで、書状の右の袖から書き始められ、書き終わらないために、行間に及んで「行間書」のかたちをとっている。追而書きの終わりには「以上」とあって、その行で追而書きが終わることを示している。22行目から23行目にかけての、秀吉の実弟の小一郎（秀長）同然に官兵衛のことを思っているという行りが、有名な箇所である。官兵衛も、風説にかかわることなく、万事秀吉と相談の上処置するようにと諭している。

秀吉の自筆書状はほとんど仮名勝ちに書かれており、漢字による「候文」としては書かれていないことが多い。高柳光壽《みつとし》は『戦国の人々』（一九六二年、春秋社刊）において「秀吉は筆蹟もまた見事である。彼の文字は師匠についた習字の上でき上ったものではない。だから、普通の概念からいえば、決して上手ではない。けれども、自由なところ、形を離れたところ、自信に満ちているところに、酌めどもつきぬ雅味《がみ》がある。余韻《よいん》がある。北条早雲や毛利元就の筆蹟は全く事務的な、それである。武田信玄は禅僧風の唐様の文字を書いて、相当修養の跡を見せており、上杉謙信は養子の景勝に手本を書いてやっているほどで、筆蹟はよほど自慢であったらしく、一通り青蓮院流《しょうれんいんりゅう》の形の整った字を書いているが、信玄にしても、謙信にしても、ともに規格の中にちぢこまっているだけで、味というものがない。貧弱とさえいえる。それが秀吉になると、日本国に夜が明けたという感じである」（三十ページ）と述べている。

上杉謙信の書いた「いろは」

右に「上杉謙信は養子の景勝に手本を書いてやっている」とあるが、これはよく知られた書状といえよう。永禄七（一五六四）年二月、上杉輝虎《てるとら》（謙信）は上野《こうずけ》地方に出陣していたが、本国越後に留まっていた甥の景勝が度々書札を送ってきていたので、それに答えるために、出した書状である。「いんしん（音信）」の文字をみて、「手」があがった、すなわち手跡の上達したことをほめ、さらに習字に精を出すように、「手本」を送ることを述べている。相田二郎『日本の古文書　上』（岩波書店刊、一九四九年）にも第一二五図、一二六図（五三八ページ）として図版が掲載されている。翻字を示しておこう。「早虎」は「輝虎」のこと。景勝はこの当時、喜平次顕景と称していた。

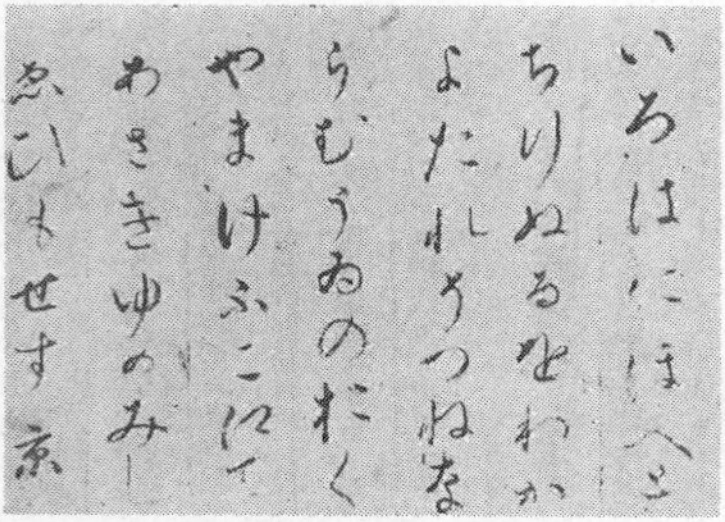

図18　上杉謙信の書いた「いろは」

返々、細々いんしん
よろこひ入候、手、弥
あかり候へは、手本
まいらせ候、以上
入心さひ／＼
音信、ことに為
祈念まほり
巻数よろこひ入
爰元やかて隙
あけ帰府の
うへ可申候、謹言
二月十三日　旱虎（花押）
喜平次殿

景勝に与えたのは、図18のような「いろは」である。相田二郎『日本の古文書　上』から引用させていただいた。「そ」と「お」とヤ行の「え」には現在使っているのと異なる字体が使われているが、それ以外は同じである。末尾には「京」字が添えられている。

撥音・長音をどう書くか

さて秀吉の書状に戻ろう。リテラシーということと関わって、幾つか注目すべき点がある。まず12行目から13行目にかけて「さい〳〵御ねんころに／わもされす候間」とある。「ねんころにわ」の「わ」は助詞「ハ」を書いたものである。もちろん当時の発音は、今と同じように「ワ」であったが、助詞「ハ」に仮名「わ／ワ」をあてることはきわめて少ない。ここでは、自身が「ワ」と発音している助詞を「わ」と書いたことになり、いわば表音的表記をとっていることになる。しかし、表音的に書く、言い換えれば「ありのままに書く」ということはそれほど単純なことではない。結局は「書く」ということには、「書き方」＝「書くにあたっての約束事」のようなものがつきまとう。

12行目の「ねんころ」は「ねんころ」と翻字したが、実際の書状では「ねんろ」と書いた右傍に「こ」と小さく添えて書かれている。したがって、「ネンゴロ」をまず「ねんろ」と書いてから、修正したと思われる。14行目には「ねころ」とある。これも「ネンゴロ」を書いたものであるが、こちらは撥音が明示されていない。34行目から35行目にかけて「御ゆたん」とあるのは、「ゴユダン（御油断）」であろうから、撥音をつねに明示しないわけではない。「ネンゴロ」は和語、「ユダン（油断）」は漢語であるし、「ネンゴロ」の撥音は語中にあり、「ユダン（油断）」の撥音は語尾にあって、条件がまったく同じではないので、この二例を一つに括って考えてよいかどうかということもあるが、今それを認めるとすれば、秀吉は撥音を明示したり、しなかったりしていることになる。それはそれで、「不統一」ではある。

また13行目の「もされす候間」は「モウサレズ候間」であろうから、「モーサレズ」に含まれている長音が、やはり明示されていない。15行目の「もすましく候間」も「モースマジク候間」であろうから、「モース」という語をめぐって、ここでも長音が明示されていない。また31行目の「せしよからは」の「せしよ」は「セジョウ（世上）」を書いたものと思われるので、ここでは漢語「セジョウ（世上）」に含まれる長音が明示されていないことになる。その一方で、28行目の「せうし」が「ショジ（諸事）」を書いたものであるならば、この当時は「ショジ（諸事）」が「ショウジ」にちかく発音されていたか、あるいはわずかに長目に発音された「ショ」を「ショー」に対応することが多い「せう」という書き方で書いたか、いずれかであろう。ここからすぐに、そうみてよいかどうかであるが、秀吉は長音を仮名で書くことに関して、いわば「不安定」であった可能性がある。

撥音、長音は、日本語においては、（日本語をかたちづくる音韻として）当初からあったものではない、と考えられており、「特殊成拍音素」と呼ばれたりする。その特殊性をわかりやすく説明するならば、撥音や長音（そして促音）から始まる単語が日本語にはない、ということがある。長音や促音から始まる単語は考えにくいので、当然といえば当然であるが、とにかく、後から日本語の音韻に加わったと考えられている。それゆえ、仮名をもってしても、書きあらわしにくい。それでも、室町時代であれば、撥音には「む／ん」をあて、促音には「つ」をあて、長音もなんとか書いていた。そのことを一方に置けば、秀吉はそうしたリテラシーを十分には獲得していなかったことが推測される。

しかしまた、右のような書き方がほぼ定まりつつあったとしても、それは「正書法」ではないのであって、秀吉のような書き方が他にまったくない、と主張しようとしているのではないことを一言断っておきたい。漢語は漢字で書くのが一般的であり、「ショジ（諸事）」を「諸事」と書けば、実際にその語を「ショジ」と発音していようが、「シヨージ」と発音していようが、それらは問題にはならない。そう考えると、漢語ということに関していえば、秀吉が漢語を仮名で書くにあたって、（現代の眼からみて、いささか）標準的ではない書き方をしていたからといって、それをただちに秀吉のリテラシーと結びつけるわけにはいかないと考える。37行目では「ゼヒ（是非）」を「せし」と書いている。

秀吉のリテラシーということでいえば、筆者などは、時として字の大きさが揃っていない書状があることなどが気になる。といって、残されている書状すべてがそうなっているわけではなく、ある程度同じ大きさの字で書かれている書状も少なくない。したがって、これもリテラシーということではなく、先の引用にもあったように、むしろ「自由奔放」ということと結びつけるべきなのかもしれない。しかし気にはなる。

秀吉の手紙をよむ――小寺高友（休夢）宛消息

天正五（一五七七）年に信長の命令によって秀吉は播磨に入る。姫路城主小寺（黒田）職隆、その子孝高（官兵衛）は秀吉を迎え入れるが、御着《ごちゃく》城主小寺政職《まさもと》は秀吉を拒む。天正六年の十一月には、それまで信長にくみしていた摂津伊丹城主荒木村重が信長に背いたために、孝高（官兵衛）は降順の使者として伊丹城（有岡城）に赴き、却って抑留されるに至る。この消息は翌天正七年の十月二十八日に、秀吉から孝高（官兵衛）の叔父小寺高友（休夢）に宛てて書かれたもので、「み木（三木）」、「こちやく（御着）」、「しかた（志方）」の処置について指示し、併せて「いたみ」＝伊丹落城が切迫していることを述べ、御着の人質官兵衛のことについて、指令を得たことを知らせている。

小寺高友休夢は、秀吉に仕え、後に御伽《おとぎ》衆の一人となったとされている。「平つか」は秀吉の臣下平塚藤蔵のこと。天正七年の十一月には伊丹城（有岡城）も陥落し、槛禁されていた官兵衛孝高も救助された。天正八年の正月には三木城も落ち、別所長治は自刃した。15行目の「くわんひやう」は「官兵」を書いたものと思われる。20行目の「うとり」は「うけとり」の「け」が脱落したものかと思われるが、脱落の理由は不明。

1　返々、こちやく

2　人しち、いたみ

よりうけとり
可申、これ又御心やすく
候へく候、いたみの事は
五三日の間とみゑ
申候、はや〳〵ほりを
うめさしられ候、こちやく
の人しちしろの
うちにてもはて
申候間、我等うけとり
可申候と申上候へは
我等にわたし候へと
御申しなされ候、又
くわんひやうきも
我らしたいと御申候
間御心やすく
候へく候、此御返事に
より、」み木ゆるし候て
しろをうとり候て

21 いのちをたすけ候か
22 又ほしころし候か
23 両度にいちとうきわ
24 め可申候
25 いそき平つか
26 を進之候、そこも
27 とようすにより
28 み木の木いのち
29 をたすけ可申候
30 又みな〳〵めし
31 出し候はゝ、ほしこ
32 ろしにみ木を
33 はいたし可申候
34 いのちのきを
35 とわひ候事
36 かきりなく候
37 み木ゆるし候はゝ
38 こちやくしかた

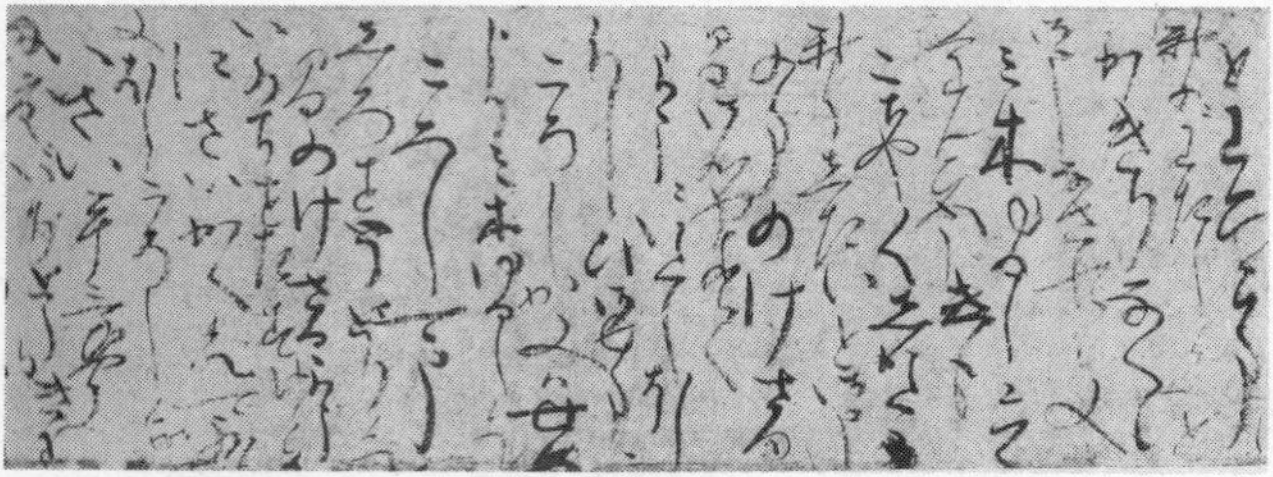

図19　小寺高友宛秀吉書状 35～45 行目

39 の事のけさる
40 ようにいたしほし
41 ころしか又はせめ
42 ころし可申候
43 間のけさるよう
44 にさいかく候て可給候
45 いさい平三ひやうへ
46 可申候、かしく
47 十月廿八日　藤吉郎
秀吉
きうむ

右の書状も仮名勝ちに書かれているが、「モウスベクソウロウ」は「可申候」と書かれており、先に述べたように、秀吉が「候文」を書かないわけではもちろんない。書状にみえる「ほしころし」は水を断つこと。23行目には「両度にいちとう」とあるが「いちとう」は「一度」であると思われ、やはりやや長目に発音された母音を長音のかたちで仮名書きしたものかと思われる。

19・28・32・37行目にみられる「み木」は別所長治の居城三木城を指すと思われる。

図19でもわかるが、「み木」の「み」にはたしかに漢字「三」を字源とする字が書かれているが、「木」の大きさと比較すると相当に小ぶりで、漢字の「三」とは思いにくい。三木城であることがわかっているために、「三木」と翻字することがほとんどであるが、仮名と判断して「み木」と翻字した。それにはもう一つ理由がある。28行目から29行目にかけての「み木の木いのちをたすけ可申候」の「み木の木」は「三木の儀」であると思われる。右ではあえて漢字「木」で翻字をしたが、判断としては仮名「き」に「木」をあてているとみるのが妥当であろう。つまり、秀吉は「木」を仮名として使っていたことになる。拙書『日本語の考古学』でも述べたが、漢字「木」を字源とする平仮名はほとんど使われていない。それは「木」がいくら崩しても、漢字「木」を思わせるからである。しかし、秀吉は（ここは「三木」に引かれたはずみであるのかもしれないが）漢字「木」を字源とする平仮名「木」を使っている。「木」を平仮名として使った例が皆無ということではないと考えるが、きわめて稀で、そういう意味合いではたった一字のことではあるが注目しておきたい。もしも秀吉のリテラシーが通常とは異なるということを主張するのであれば、このことはその主張を支えることができると考える。

次には女性宛の消息をみてみよう。採りあげている消息は仮名勝ちに書かれているものばかりなので、女性宛だからといって、さらに仮名勝ちに書かれているわけではないが、秀吉はこうした消息も書いていた。

高台院侍女いわ宛消息

かへす〳〵、この間はまいにちたかのにて、めしをも一たんとすゝみ申候心やすく候へく候なに事もたかのにてわすれ、又はよるはくたひれ候てねまいらせ候、たゝしらうそく二てうほとわとほし、よはなしをしまいらせ候又きかねあらためみ申候へはつゝみ候てをき候、すなかね十まいほと御さ候、なにとしたるしさいにて候や、はかりめのなきさいかけわたし、さしかにをき申候に、すなかね十まいはかり、ふしんに存候、しさい、たん、よめによく〳〵たつね申こし候へく候わさと申まいらせ候、つのくゑたかへこし候て五三日とうわういたし可申間、よる物かねつけとりそろへ、つかい物とも二三人こうそうすか、ちやあ両人一人つけ候て、八日の五つのころ、いはらきへこし候ように申つけ候て、いそき可給候、又このうつら我てにてとらせ候、五さを進之候此うち一さを大まんところへ一さをひんせんの五かたへつかわせ、のこる三さをは、そもしせうくわ候へく候

かしく

十月五日

いわ　てん

図20は書状の右側にあたる。追而書きが五行（1〜5）右袖に書かれ、書き切れないので、行間に入っていくのがわかる。大きな字の行が「本行」で、図の六行目が翻字の17行目にあたる。その次の行は追而書き（翻字の6行目）で、その次の行は「本行」（翻字の18行目）になる。こうして説明するとわかりにくいかもしれないが、書状を見れば、字の大きさがかなり異なるので、案外とわかる。

書状の末尾に「十月五日」とあるが、この書状は天正十六（一五八八）年十月に、秀吉が摂津で放鷹をした時に、24行目「いはらき」（茨木）から京都聚楽第の高台院（秀吉正室、おね）に宛てたものと考えられている。書状の宛名は末尾にあるように「いわ」となっている。これは高台院の侍女の名と推測されているが、生母天瑞院や正室高台院に宛てたものは、その宛書に侍女の名を借りていることが少なくないことが指摘されている。19行目「五三日」逗留するので、寝具などを取り揃えて、孝蔵主かちやあに持たせ、茨木に遣わすように命

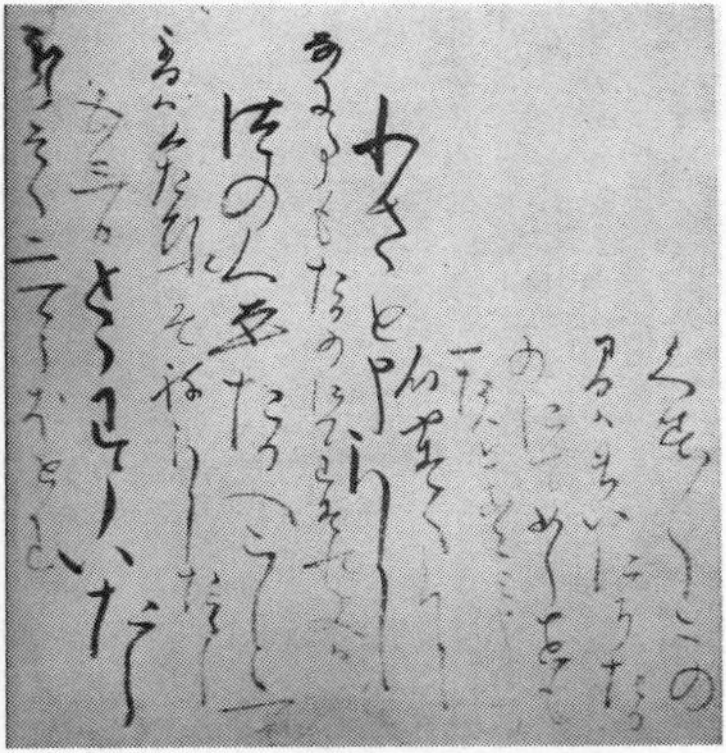

図20　高台院侍女いわ宛秀吉消息

じ、併せて鷹野の様子を報告している。29行目「ひんせんの五」は「備前の御（前）」すなわち宇喜多秀家の室前田氏を指し、15行目「たん」は未詳であるが、16行目「よめ」は聚楽第の天守閣において金子のことを掌っていた婦人であると考えられている。

この書状には幾つか注目すべき点がある。図20の左端（翻字8行目）には「らうそく二てうほとわ」とある。「らう」と翻字したが、いったん別の二字を書いてから、上から「らう」と書き直したようにみえる。「らう」の墨色が濃いことからも書き直したことが明らかである。いったん書いた二字はあるいは「ろう」ではないかと思う。漢語「ローソク（蠟燭）」は仮名では「らふそく」と書くのが正則である。いったん書いた文字が「ろう」で、上から書いた文字が「らう」であれば、「ふ」ではなくて「う」と二回とも書いたことになるが、これは今は措くことにする。最初に「ろ」と書いたことに注目したい。書き直したということは、秀吉は「ろ」ではなくて「ら」が正則だとわかっていたことになる。そしてわかっていたけれども、うっかり「ろ」と書いたことになる。

この書状にはもう一箇所書き直したところがある。翻字29行目の「ひんせん」は、これまでも「ひんせん」と翻字されているが、実は「ん」が墨で消されていると思われる。そうであれば、これも秀吉はいったん「ひんせん」と書いたが、「ひせん」に訂正したことになる。この例も撥音に関わる。濁音音節の前には、軽い撥音が存在したと考えられており、秀吉はその（通常は文字化しない）軽い撥音を（聞き取り、認識して）「ん」といったんは書いたことになる。

翻字19行目「とうわう」は漢語「トウリュウ（逗留）」を書いたものと推測されてきた。字形は「王」を字源とする仮名であるので、そこから導かれる仮名は「わ」である。しかしこれが「り」を書こうとしているのだとすれば、秀吉は「里」を字源とする仮名「り」を書こうとして、字形がやや似ている「わ」を書いたことになる。これは例えば、現代において、「き」を書こうとして、やや字形の似ている「さ」を書いた、というようなことにあたる。「き」と「さ」との区別が曖昧であるということは、結局は平仮名がきちんと修得できていないということになる。現在は、仮名一つに一つの字形があるだけであるが、秀吉の時代には、仮名一つに複数の字形があり、現代よりも紛れやすいといえば紛れやすい。ただし、「仮名を取り違えた例」はほとんど目にすることがない。それは文書、文献を残す人は、やはり文字生活の経験を積んでいる人であることがほとんどで、一定のリテラシーを有している人が書いているからであろう。

翻字14行目の「さしかにをき中候」も明らかに「さ」が書かれているが、文脈からすれば「たしかに」の可能性がある。そうだとすれば、ここでは「た」と「さ」とを取り違えたことになる。「多」を字源とする「た」には「さ」と字形がちかいものがあり、あるいはそのような取り違えをしたか。

翻字31行目の「せうくわ」は漢語「ショウガン（賞翫）」を書いたものと考えられている。そうであれば、撥音を文字化していないことになる。翻字21行目「つかい物とも二三人」の「つかい物とも」は「つかいの物とも」の「の」を脱落させた可能性がある一方で、この「つかい物」のままで「つかいの物」をあらわしている可能性もある。

翻字8行目「らうそく二てうほとわ」では助詞「ハ」を「わ」と書く。18行目の「つのくゐたかへこし候て」は「つのくに（津の国）」の「に」を脱したものかと考えられている。そうであれば、ここでは助詞「へ」を「ゑ」と書いていることになる。24行目には「いはらきへこし候」、28行目には「一さを大まんところへ」とあるので、「へ」と書くこともある。

次には淀殿宛の消息を採りあげてみよう。

淀殿宛消息

1 かへす〳〵、
2 わかきみひやし
3 候はんように申つけ候へく候、
4 なにわにつけ候て、ゆたんある
5 ましく候（ここまで追而書）
6 そのいこわ、文にても
7 申まいらせ候はて、御心もと
8 なくおもひまいらせ候

9 わかきみいよ〳〵大きく
10 なり候や、そこほとの
11 ひのよしん、又はした〳〵まて
12 みたれになきように
13 かたく申つけられ候はん事
14 せんにて候、廿日ころにかならす
15 参候て、わかきみたき可申
16 そのよさに、そもしをもそは
17 にねさせ申候へく候、せんかく
18 御まち候へく候、かしく
おちや〳〵　　　　てんか

秀吉は、天正十八（一五九〇）年九月一日には、奥州征伐から凱旋したが、朝鮮の使者が来日したこともあり、京都に滞在していた。この消息は京都から、淀殿の居城である山城の淀城に送ったもので、長男鶴松の成長した様子を尋ね、淀城の火の用心などについて注意をし、二十日頃には必ず淀城へ行くことを伝えて

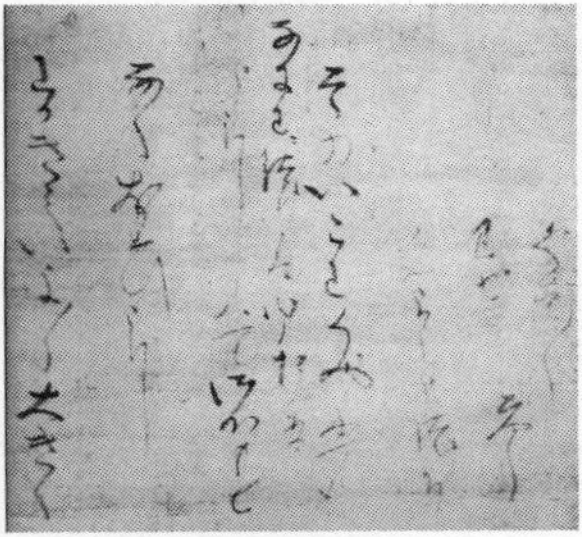
図21　淀殿宛秀吉消息

いる。
4行目「なにわにつけ候て」、6行目「そのいこわ」ではやはり助詞「ハ」を「わ」と書いている。11行目「ひのよしん」は「火の用心」を書いたものと思われるが、そうであれば、ここでも漢語「ヨージン（用心）」の長音を明示していない。17行目「せんかく」は漢語「セッカク（折角）」を書いたものと思われ、この場合は促音を「ん」で書いていることになる。促音と撥音とは、仮名と音声的な対応がない音韻であるという点において共通性があり、「ん」が撥音にあてられるということは秀吉の書いたもの以外の文献にもみられることがある。

高台院宛消息

1　かへす〱、いろ〱
2　とりそろへ給候
3　おうれしく候、
4　又そてなしとうふくむやうにて候
5　そてなしは、くそくのときはかりよく
6　候いり不申候、大さかのひのようしん
7　申つけ候へく候、かならす〱
8　こうらいのみやことり候て

9 やかて〳〵、大かうさまも御さ候はんと
10 おほしめし候（ここまで追而書）
11 せつくのかたひらいろ〳〵
12 とりそろへ給候、めてたく
13 ゆく久しくとゆわい候て
14 めし候まゝ、御心やすく候へく候
15 九月のせつくはからにて
16 うけとり可申と存候、はや〳〵
17 こうらいしろ〳〵おゝくとり
18 申候あいた、こうらいのみやこゐは
19 この方よりとり候ふねつき
20 よりは廿ち御さ候よし申候
21 はや〳〵こうらいのみやこお
22 さいて人数つかはせ候間、や
23 かてみやこおもとり可申候、御心
24 やすく候へく候、ふねおそろへ
25 申候て、やかてあとの人数お
26 もこさせ可申候、からおも

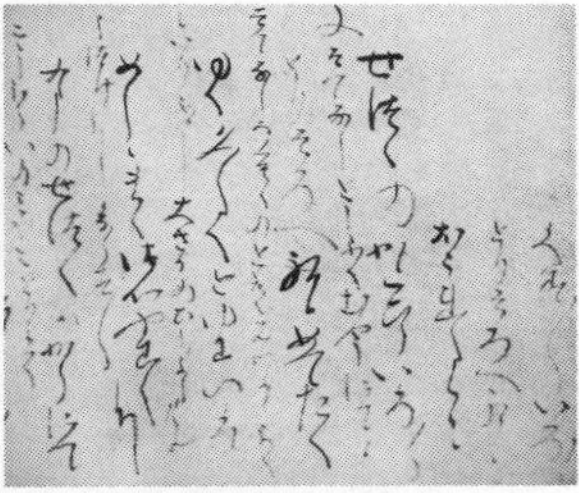

図22　高台院宛消息

とり可申候間、そもしのむかいお
めてたく可進之候
かしく
五月六日　　なこやより
　　　　　　　大かう
おね
　まいる返事

文禄元（一五九二）年の五月六日に、肥前名護屋の陣営から「おね」（高台院）に宛てて出した手紙である。おねから秀吉に、端午の節供の贈り物を送ってきたので、それを「からにてうけとり可申と存候」（明国で受け取りたい）と述べている。

13行目には「ゆく久しくとゆわい候て」とある。「ゆく久しく」は「イクヒサシク（幾久しく）」、「ゆわい」は「イワイ（祝）」を書いたものと思われる。動詞「イウ」の連体形、終止形は室町時代においては「ユー」と発音することもあった。現在も、無意識であっても、「ユー」の発音は珍しくない。「イク（行く）」に関していえば、「イク」「ユク」両語形が（現在でもそうであるが）使われることもあったと考えられ、発音のちかさもあろうが、むしろ表記上、「い」「ゆ」が揺れることがあったのではないかと推測する。

18行目には「申候あいた、こうらいのみやこゐは」とあり、ここでも助詞「へ」を「ゐ」と書いている。21行目から22行目にかけて「はや〳〵こうらいのみやこお／さいて人数つかはせ候間」とある。ここでは助詞「ヲ」に「お」があてられている。この書状においては、他に23行目に「みやこおもとり可申候」、24行目に「ふねおそろへ」、25行目から26行目にかけて「あとの人数おもこさせ可申候」などとあり、助詞「ヲ」に「お」をあてる傾向が顕著にみられる。

ここまでに秀吉の書状に看取されたことがらを整理すれば、次のようになる。

1　長音を明示しないことがあり、その一方で、通常は長音を認めない語を長音表記をすることがある。
2　促音に「ん」をあてることがある。
3　撥音を明示しないことがある。
4　助詞「へ」「ハ」「ヲ」をそれぞれ「ゐ」「わ」「お」と書くことがある。
5　「い」をもって書く音節に「ゆ」をあてることがある。
6　ハ行転呼音現象を蒙った音節をワ行音で書くことがある。
7　「り」と書くべき箇所に「わ」と書き、「た」と書くべき箇所に「さ」と書くといった、「文字の選択」の誤りがみられる。
8　漢語「ダイカン（代官）」を「大くわん」と書くといった体の漢字の使い方をする

ことがある。

6は例えば27行目の「むかい」であれば、この語は古典かなづかいでは「むかひ」と書く。しかし、西暦一〇〇〇年頃を境にして、この語の発音は「ムカヰ」に変わり、その後さらに「ムカイ」に変わった。これがハ行転呼音現象である。しかし、発音が「ムカヰ」になったからといって、すぐにこの語を仮名で「むかゐ」と書くようになったわけではなく、また発音が「ムカイ」になったからといって、この語を仮名で「むかい」と書くようになったわけではなく、大勢としては「むかひ」と書き続けていたといってよい。それは文字化という行為のいわば宿命で、ある語を文字に移すということは、今発音しているように書く場合ももちろんあるが、これまでに文字化したことがあるのであれば、それに従うという場合が多い。そうすることによって、表記上の連続性が保たれる。したがって、この時期にこの語は「ムカイ」と発音されていたはずであるが、それをあからさまに「むかい」と書くことは（皆無ではないが）稀であった。秀吉はその稀な書き方を見せていることになる。

秀吉と野口シカの共通点

拙書『かなづかいの歴史』（二〇一四年、中公新書）で野口英世の母、シカの、明治四十五（一九一二）年一月二十三日の日付のある手紙を採りあげた。そこには「モウシワケ（申訳）」を「もしわけ」と書くような、長音を明示しない書き方、「ホッカイドウ（北海道）」を「ほかいド」と書くような、促音を明示しない書き方、「ナンボ」を「なぼ」と書くような、撥音を明示しない書き方、助詞「ハ」を「にしさむいてわ（西さ向いては）」のように「わ」で、助詞「ヲ」を「なにお（何を）」のように「お」で書く例、さらには「ミナミサ（南さ）」を「みなみた」、「ヘンジヲ（返事を）」を「へんちち」と書くといった、「文字の選択」の誤りがみられ、総体として、秀吉の書状と野口シカの手紙とは表記上共通点があるといってよい。

言語現象を考えるにあたっては、歴史的な観察方法と、同時代的な観察方法があることはいわば言語学の「いろは」といってよい。前者は「通時的なみかた」、後者は「共時的なみかた」と呼ばれ、両者を曖昧にした観察をすることは戒められている。言語変化を考える場合にも、その変化を通時的な変化としてとらえるのか、共時的＝同時代的な変化としてとらえるのかということは区別される。しかしその一方で、より根本的な枠組みに関しては、時代を超えて（つまり共時態を超えて）繰り返しみられるような言語現象というものがあるのではないかと考える。右のようなことはそうしたことを思わせる。

しかし、このことを「歴史は繰り返す」というような表現で語ることには筆者は躊躇する。なぜなら、「歴史は繰り返す」は文学的な表現に感じられるからだ。筆者はこれを科学の（論理的な）表現で語りたい。とすれば、やはりどのような条件下で同じような現象が起こるかということになる。

長音、促音、撥音のように、そもそも日本語の音韻ではなく、後から日本語の音韻に加わったものは、仮名と単純な対応関係をもっていない。したがって、わかりやすくいえば、仮名ではあらわしにくい。右の音韻を書くためには、「仮名を使った書き方の工夫」が必要となり、例えば「ツ」という音韻にあてる仮名「つ」を便宜的にあてる、あるいは「ツ」をあらわしているのではないことを示すために、小書きにする、といった「工夫」が必要になる。現在のように、それを一つの書き方として認めている文字社会においては、そのことについて迷いが生じるようなことはないが、便宜的にあてた「つ」は、結局は便宜的なものであり、そう書くのが当然というわけではない。「そう書くのが当然というわけではない」という地平まで戻れば、「どう書くのか」ということが問題になるのであって、その「地平」を先には「より根本的な枠組み」と表現してみた。

言語の初源的な地平

中島敦の「文字禍」ではないが、「サ」という発音にあてる仮名は「さ」で、「タ」という発音にあてる仮名は「た」であるということは当然といってよい。しかし、「さ」という字形をした仮名が「サ」にあてる仮名として選択されたのは、必然というよりは、偶然というべきであろう。条件は異なるので、まさしく偶然としかいいようがないが、秀吉も「た」と「さ」で迷い、野口シカも「た」と「さ」で迷っている。その「地平」は言語の初源的な地平といってもよいのではないだろうか。五百年前の日本語を観察することは、時としてそうした、普段は感じることができない「初源的な地平」に連れていってくれる。

右で8として示した例は、ここまでみてきた消息にはみられなかったが、例えば、天正十五年五月二十九日付の、九州役の直後に北の政所に与えた自筆の消息においては「ダイリ」を「大いり」と書いている。この消息においては、漢語「ハンブン（半分）」を「はんふ」、漢語「シュッシ（出仕）」を「しゅしん」「しゅし」、「ニホン（日本）」を「にほう」と書いたりもしている。「ハンブン」を「はんふ」と書くのは、二つある撥音のうち、後ろの撥音を明示しない書き方であり、また三拍の語「シュッシ」を「しゅしん」と書くのは、二拍目にある特殊音素である促音を、三拍目にあるように錯覚し、かつそれを「ん」で書いた例にみえ、「しゅし」は促音を明示しない書き方といえよう。ただし、天正十八年五月十四日付の、小田原陣中から北の政所に与えた自筆の消息では、「しゆつし」と書いているので、いつもいつも錯覚しているわけではない。

「ニホン」を「にほう」と書くのも、三拍目にある撥音を長音の書き方で書いた、とみえる。やはり、撥音や促音、長音といった特殊音素を仮名で書こうとする時に、いろいろな、いわば「事故」が起こっているようにみえる。先にも述べたが、促音や撥音のように、いわば実態を伴わない音素は、そもそも単語のどの位置にそうした音素があるかということを認識するのも場合によっては難しいことになる。天正十七年頃のものと思われる、大奥の番衆のことについて女房ちくに与えた自筆の書状においては「チュウナゴン（中納言）」を二度までも「中なんこ」と書いている。これは、五拍目にある撥音を四拍目に書いたものにみえ、撥音の位置を誤って認識していることを窺わせる。またこれは、「チュウナゴン」という語を漢字「中納言」を媒介にして理解、把握しているのではなく、その発音に基づいて理解、把握していることをも窺わせる。

また天正十八年四月十三日付の、小田原陣中から女房五さに与えた自筆の消息、同じ天正十八年の五月十四日付の、小田原陣中から北の政所に与えた自筆の消息には「オウシュウ（奥州）」を「大しゆ」と書いた例がみえる。

「オウ」という発音や「ダイ」という発音には「大」をあてればよいという認識があるいはあったか。あるいは天正十八年五月一日付の、小田原陣中から大政所に送った自筆の消息には「ゴゼン（御膳）」を「五せん」と書いた例がみえている。また天正十八年の六月末頃のものと推測されている消息には「ネンゴロ」を「ねん五ろ」と書いた例がみえる。漢字の「五」を字源とした仮名は一般的には認められていない。したがって、そのことからすれば、「ねん五ろ」は「ゴ」にのみ漢字をあてた書き方とみなければならないが、そのような、漢字と仮名との混ぜ書きが秀吉にはみられることになる。このことは非常に興味深い。例えば漢字で「大事」と書く漢語「ダイジ」を「大し」と書く（文禄三年四月二十四日付、松丸殿に与えた自筆の消息）のは、通常漢字で書く漢語の一部に仮名をあてただけ、とみることができる。これは現代でも行なわれる書き方である。現在は、「常用漢字表」に載せられている漢字のみを使って語を書くという習慣がひろく行なわれている。漢語「シンラツ」は「辛辣」と書くのが一般的であるが、「辣」字が「常用漢字表」に載せられていないので、「辛らつ」と書く。こうした書き方は、実はあまり好ましくない。現代日本語の書き方としては、おおまかにいえば、自立語に漢字をあて、付属語に仮名をあてるというシステムになっているといってよい。だから、自立語の途中から仮名で書くのは、語の切れ目に関して、「読み手」を迷わせることになる。

さて、話を戻そう。「ネンゴロ」という和語は平仮名で書くのであれば、「ねんごろ」、漢字と仮名を使って書くなら「懇ろ」で、「ゴ」のみに漢字「五」をあてるという書き方は、現代にはもちろんない。過去においても、一般的とはいえない。つまりここでは、漢字を仮名のように使っている、もしくは漢字と仮名とを自由に使っていることになり、やはり通常の文字使いとはやや異なる文字使いが行なわれているようにみえる。これをもって、秀吉のリテラシーがたかくない、とみることもできなくはないが、しかし秀吉は漢字による候文も書いているのであって、「リテラシーのたかさ／ひくさ」というよりは、当時の表記システムの枠をはみだした、文字使いをしている、といったほうがよいのかもしれない。

右のようなことにかかわって、おもしろい話が残されている。江村専斎《えむらせんさい》（一五六五〜

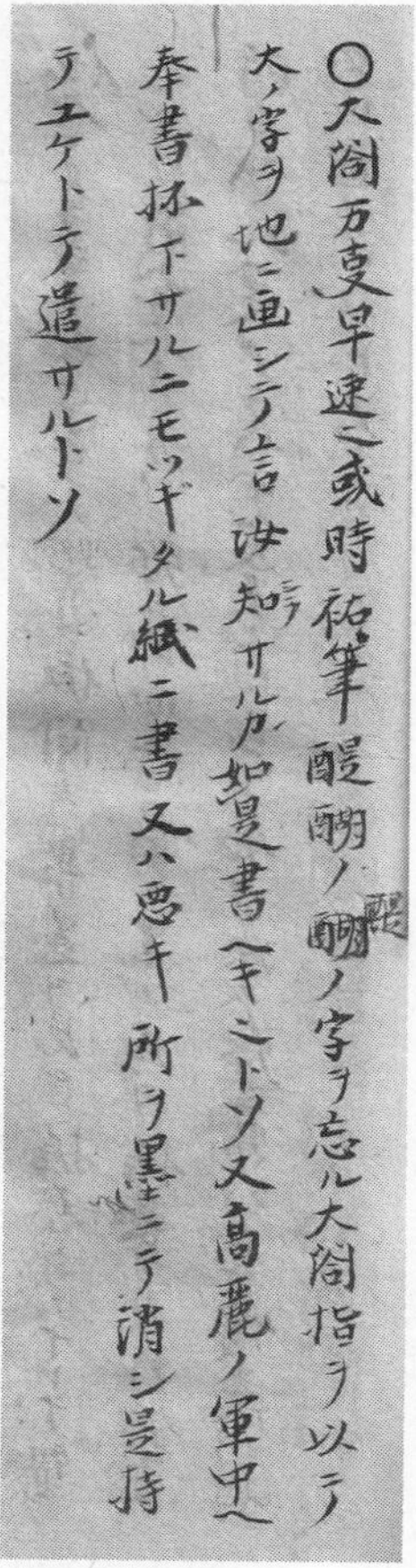
○太閤万事早速也或時祐筆醍醐ノ醐ノ字ヲ忘ル太閤指ヲ以テ
大ノ字ヲ地ニ画シテ言汝知《シラ》サルカ如是書ヘキ也トソ又高麗ノ軍中ヘ
奉書抔下サルニモツキタル紙ニ書又ハ悪キ所ヲ墨ニテ消シ是持
テユケトテ遣サルトソ

図23 『老人雑話』

一六六四）という長命の人物がいた。儒医として肥後熊本藩主、加藤清正に仕えたことがわかっている。専斎の日常談話を伊藤宗恕《そうじょ》（坦庵）が筆記した『老人雑話』という随筆がある。織田信長や豊臣秀吉、その家臣たちに関する記事が多いので、これらの人物のエピソードとして引かれることが少なくない。江村専斎は三条西実枝から古今伝授を受けた細川玄旨幽斎（藤孝）とも交流があった。その『老人雑話』（清泉女子大学図書館蔵本）に次のような話が記されている。

○太閤万事早速也。或時、祐筆、醍醐ノ醍ノ字ヲ忘ル。太閤指ヲ以テ
大ノ字ヲ地に画シテ言、汝知《シラ》サルカ。如レ是書ヘキ也トソ。又高麗ノ軍中へ
奉書抔下サルニモツキタル紙ニ書、又ハ悪キ所ヲ墨ニテ消シ是持

テユケトテ遣サルトソ

右によれば、右筆が「醍醐」の「醍」の字がわからない時に、秀吉が「大」という字を書けばよいといったという。右筆が「醍醐」の「醍」の字がわからないというあたりに、すでに虚構の匂いがするが、ここでも「ダイ」という発音に「大」の字をあてればよいといっているあたりがおもしろい。まったくの虚構とばかりはいえないかもしれない。そういう人物と当時からみられていたということであろう。しかしそれとは別に図23においては、「醍醐ノ醍」と書かなければいけないところに「醍醐」の「醐」の方をいったん書いてしまい、まさにそれを「墨ニテ消シ」て右傍に「醍」と書き直している。結局、このテキストの書き手は、「ダイゴ」にあてる漢字「醍醐」をはっきりと認識していなかったことになる。この清泉女子大学図書館蔵本には「寛政五」(一七九三)とあるのでその頃の書写と思われるが、秀吉を笑えないような誤写をいったんはしてしまったことがわかる。

連歌を教わる秀吉

天正十五(一五八七)年十二月頃のものと推定されている次のような消息がある。

1 かへす〳〵

六七日ころ
にかならす
参可申候、以上
三日のひわ、せうは
ところへ、れんか
候間、参可申候、以上
せうそくの
こてとり
そろへ給候
いたにはしめ
さる事と申
なからきとく
にて候、又れんか
のくわいしほう
みとしてまいらせ候
又我等六日七日
ころにかへり
候てそなたにて

としをとり
可申候、其御心へ
候へく候、おひめ
五もし、きん五へ
事つてたのみ
まいらせ候、かしく
十二月二日
ちく　　　てんか

この消息は、秀吉が北の政所の侍女「ちく」に与えたもので、9行目の「こて」は「こそて」（小袖）と考えられており、小袖などを届けてきたのに対して礼を述べ、15行目の「ほうみ」（＝褒美）として連歌の懐紙を遣わした時のものとされている。22行目の「おひめ」とは養女のことで、23行目の「五もし」は前田利家の娘で、養女豪姫のこと、「きん五」（＝金吾）は秀吉の養子羽柴秀俊（後小早川秀秋）のこと、5行目の「せうは」（＝紹巴）とは連歌師里村紹巴《じょうは》のことと考えられている。

紹巴（一五二五？～一六〇二）は天文二十四年頃から永禄にかけて、連歌師としての地位を確立し、公家、武士、僧侶などとひろく交流したとされており、特に三好長慶や細川幽斎との交流は深かったと考えられている。永禄七年頃には連歌の第一人者としての地位を得ていたと推測されている。紹巴が加わっている百韻・千句の類は現存するものだけで四百点を超えることが指摘されている。

南都へはしばしば赴き、連歌会を張行したり、古典の講釈を行ない、それとともに、織田信長、豊臣秀吉、明智光秀を初めとして、三好長慶、細川幽斎などの武将たちとの交流も深めていったとされている。元亀から天正にかけての時期、紹巴は、文化、政治にかかわる希有の連歌師であったとされ、本能寺の変の折にも、誠仁《さねひと》親王の危急を救い、その功績によって、法橋に叙せられたともいわれている。

天正十（一五八二）年五月二十四日に、山城国愛宕山西坊の威徳院で行なわれた、本能寺の変の直前に明智光秀が事の成就を祈念して張行した「愛宕百韻」は明智光秀の発句から始まる。表八句を次に挙げてみよう。脇（第二句）の作者、行祐《ぎょうゆう》は威徳院の住職、宥源《ゆうげん》は愛宕上之坊大善院の僧侶、昌叱《しょうしつ》、心前《しんぜん》、兼如《けんにょ》は紹巴門の連歌師、行澄《ゆきずみ》は光秀の家臣。

信長の臣下であった太田牛一が著わした、織田信長の一代記ともいえる『信長公記《しんちょうこうき》』には「五月廿六日、惟任日向守、中国へ出陣のため、坂本を打ち立ち、丹波亀山の居城に至り参着。次の日、廿七日に、亀山より愛宕山へ仏詣、一宿参籠致し、惟任日向守心持御座候や、神前へ参り、太郎坊の御前にて、二度三度まで鬮を取りたる由、申候。廿八日、西坊にて連歌興行」（引用は桑田忠親校注『改訂信長公記』新人物往来社、一九六五年、による）とあって、この連歌興行が五月二十八日のことと記されている。

ときは今あめが下しる五月かな　光秀
水上まさる庭の夏山　行祐
花落つる池の流れをせきとめて　紹巴
風に霞を吹き送るくれ　宥源
春もなほ鐘のひびきや冴えぬらん　昌叱
かたしく袖は有明の霜　心前
うらがれになりぬる草の枕して　兼如
聞きなれにたる野辺の松虫　行澄

光秀は、この百韻に十五句がとられているが、紹巴は十八句、後に伊達政宗に仕えるようになる猪苗代兼如は十二句がとられている。光秀の発句は、「とき」に「時」と光秀の姓である「土岐」とを、「あめが下」には「雨が下」と「天が下」とをかけてあり、織田信長に対する謀叛の気持ちを詠んだものという解釈があり、この句によって、光秀の決意を紹巴は知っていたのではないかと秀吉に責められたという話もある。四代目鶴屋南北（勝諺蔵《げんぞう》）がつくった歌舞伎の演目『時今也桔梗旗揚《ときはいまききょうのはたあげ》』（通称は『馬盥《ばだらい》の光秀』）の「ときはいま」はこの発句に由来している。事の真偽はともかくとして、このように戦国武将も連歌を詠むことが少なくなかった。連歌は、茶の湯、蹴鞠とともに、武将たちにも嗜まれていた。先にふれた『老人雑話』には「○明智坂本ニ城ヲ築ク時三浦ト言フ者／浪間ヨリカサネアゲヨヤ雲ノ峯　ト言発句ヲナス明智ノ句ニ／礒山ツタヘシゲル杉村ト明智ハ歌学ニ達ス」という記事があり、この記事に基づいて、明智光秀は和歌や連歌に通じていたというみかたがなされることもある。

紹巴は『源氏物語』の注釈書である『紹巴抄』や、先に紹介した連歌辞書『匠材集』、連歌論書『連歌至宝抄』などを著わしている。『連歌至宝抄』の奥書には「此一帖は、日の本を、一とせたらぬほとにしたかへたまふとて、君より天か下、御あつかりのまつりことの御いとまおはしませは、やまと哥をつらねたまへる御こゝろもちあそはされしを見はんへるに、よろす代迄のたから成へし。かゝるときにあひたてまつるよろこひ、あまつ正しき十とせの三か一の秋のはしめにしるすもの也」（句読点を補った）と記されている。この奥書は、天正十年の本能寺の変の後、短時日の間に天下を統一した豊臣秀吉の文事の助けのために執筆されたことを述べたものと考えられている。『連歌至宝抄』は写本も多く残っており、江戸時代初期には古活字版も出版され、また江戸期にも繰り返し版行されており、広く流布した連歌書の一つといってよい。また、紹巴は近衛稙家《たねいえ》に古今伝授を受けている。**図24**は内閣文庫に蔵されているもので、『連歌貴重文献集成』第十集（一九八二年、勉誠社刊）から引用させていただいた。五行目から、先に示した奥書が始まっている。

右に述べたように、『連歌至宝抄』は紹巴が秀吉にあてて著わしたものであるが、特定の人物のために書かれた連歌（論）書は少なくない。例えば、猪苗代兼載の著わした連歌学書である『連歌延徳抄』は、延徳二（一四九〇）年から翌年にかけて、兼載が周防国大内政弘のもとに滞在中に、政弘に書き与えたものであるし、宗養《そうよう》の『連歌奥儀明鏡秘集』は天文二十四（一五五五）年に宗養が三好長慶に与えたものとされている。また、宗牧《そうぼく》、宗養の学書『連歌秘袖抄《ひしゆうしょう》』は三好長慶宛てに書かれた秘伝書とされている。宗養と三好長慶とは、天文十三年正月二十九日に初めて同座して以来、ずっと親交が深かったことがわかっている。

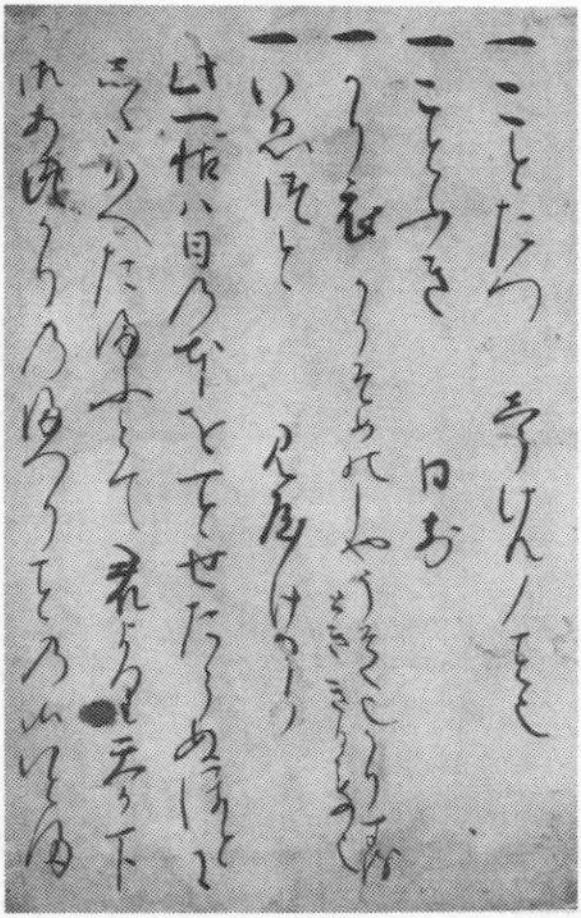
図24　『連歌至宝抄』奥書

尊経閣文庫に蔵されている宗牧の『連歌択善集』には宗牧の跋文に続いて近衛稙家の跋文を有している。それによると、この書は尼子晴久のために宗牧が著わしたもので、宗牧が稙家に奥書を求めたのに対して、稙家が『論語』述而篇の「子曰、三人行必有我師焉。択其善者而従之、其不善者而改之」（子いわく、三人行なえば、かならずわが師有り。その善なるを択《えら》んで、これに従い、その不善なるは、これを改む）に基づいて「択善集」と名付けたことがわかる。

秀吉と高野切

「高野切《ぎれ》」と呼ばれる『古今和歌集』の写本がある。現代においても仮名書道では必ずといってよいほど手本とされるので、ご存じの方も少なくないだろう。もともとは写本であったが、切断されるなどして、現在では、古筆切として諸所に分蔵されている。この写本の書き手は三人であったと推測されている。現在残っている巻第一・九の断簡、巻第二十（完本）を一人が、巻第二・三の断簡、巻第五・八（完本）を一人が、巻第十八・十九の断簡を一人が書いたと思われる。序も一巻分と考えれば、『古今和歌集』全体（二十一巻分）を、もしもこの三人が分担して書写したのであれば、一人が七巻ずつ書写したことになる。そうだとすれば、一人が、序・巻第一・九〜十二・二十、一人が巻第二〜八、一人が巻第十三〜十九という分担であったか。筆頭となる筆者は、最初と最後を写した人物ということになるが、この筆者は特定されていない。十一世紀半ば頃に書かれたものと推定されている。

現在、大阪の湯木《ゆき》美術館に蔵されている、巻第九の巻頭は豊臣秀吉から高野山の木食《もくじき》応其《おうご》（一五三六〜一六〇八）に与えられ、高野山の文殊院に伝来していた。応其は連歌を好み、高野山で修行をしていたが、天正十三（一五八五）年の秀吉の高野山攻略の折に和議を斡旋して秀吉に重用されたと考えられている。つまりそもそも豊臣秀吉がこの巻第九の巻頭を所持していたことになる。**図25**は巻第九の冒頭の六行である。日本名筆選1『高野切第一種　伝紀貫之筆』（一九九三年、二玄社刊）から引用させていただいた。秀吉は冒頭から十七行分を所持していた。

秀吉が「高野切」を所持していたのは、結局は乙御前《おとごぜ》の釜を所持し、牧谿筆の「山市晴巒図」を所持し、武野紹鷗《たけのじょうおう》がもっていた平高麗《ひらごうらい》茶碗を所持していたことと通じると考える。茶の湯に代表される文化的な営みは「戦国」の時代において必須なものであったと述べると逆説的に響くだろうか。「戦国」の時代であるからこそ、そうした文化的な営みを行なうことによって、バランスがとれていたのだと考えたい。文化的な営みには当然、蹴鞠や連歌なども含まれる。そして、連歌を行なうということは、古典文学に（ある程度にしても）通じていることでもあった。

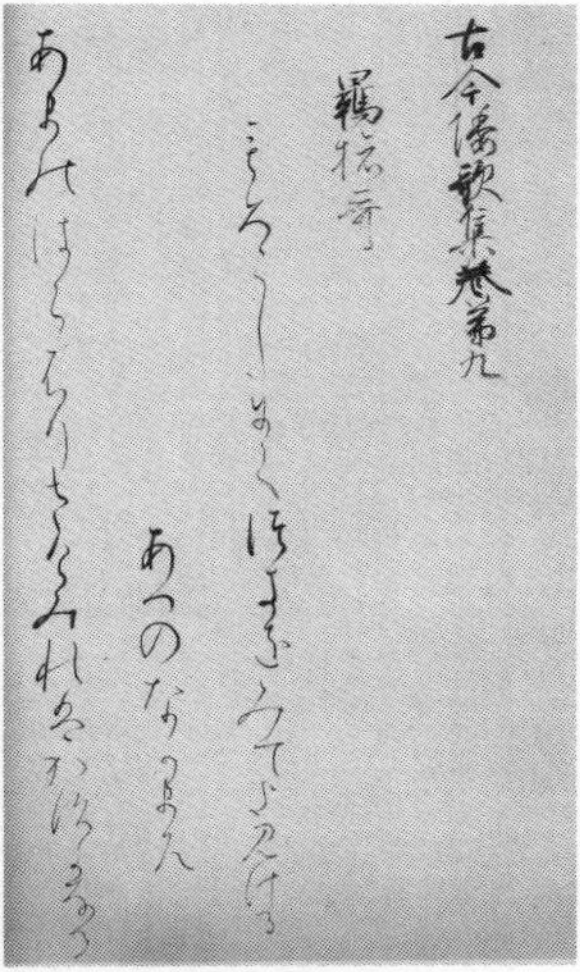

図25　高野切巻第九冒頭

秀吉の仮名勝ちに書かれた消息から窺われるリテラシーは決してたかいものとはいえない。しかしひくいものともみえない。秀吉といえば、低い身分から成り上がったというイメージが強いかもしれない。しかし、公家たちとともに茶の湯を嗜み、連歌を張行するといったことができるのがこの時代の「天下人」であったといってもよい。

終章　室町時代を「環状彷徨」する

ドイツ語の「Ringwanderung（リングワンデルンク）」を「環状彷徨」と訳すことがある。登山や山スキーなどをしていて、暗さや吹雪や濃霧のために、視界がわるくなり、方向を見失って、同じ所を輪を描くように、ぐるぐると歩いてしまうことをいう。遭難などにつながることもあるわけだが、ここでは室町時代をあえてぐるぐる歩く、環状彷徨すると楽しいのではないかという意味合いで章題をつけてみた。

本書では、五百年前の日本語について述べ、あわせて日本文化について述べることを主目的としたが、目を、室町時代に生きた人々に移すと、いろいろなかたちで、人と人とが結びつき、その結びつきがさまざまなことをうみだしていることに気づく。

「はじめに」で述べたように、本書においては、明応二（一四九三）年から慶長八（一六〇三）年までをおもに扱っている。その期間の中の二つの「点」に注目してみよう。

三条西実隆が文明九（一四七七）年に仮名遺書である『仮名文字遣』の禁裏本を書写していたことは第一章でふれた。京都市右京区に陽明文庫と名付けられた歴史資料保存施設がある。五摂家の筆頭である近衛家に伝わった古文書や典籍、記録、日記などを保

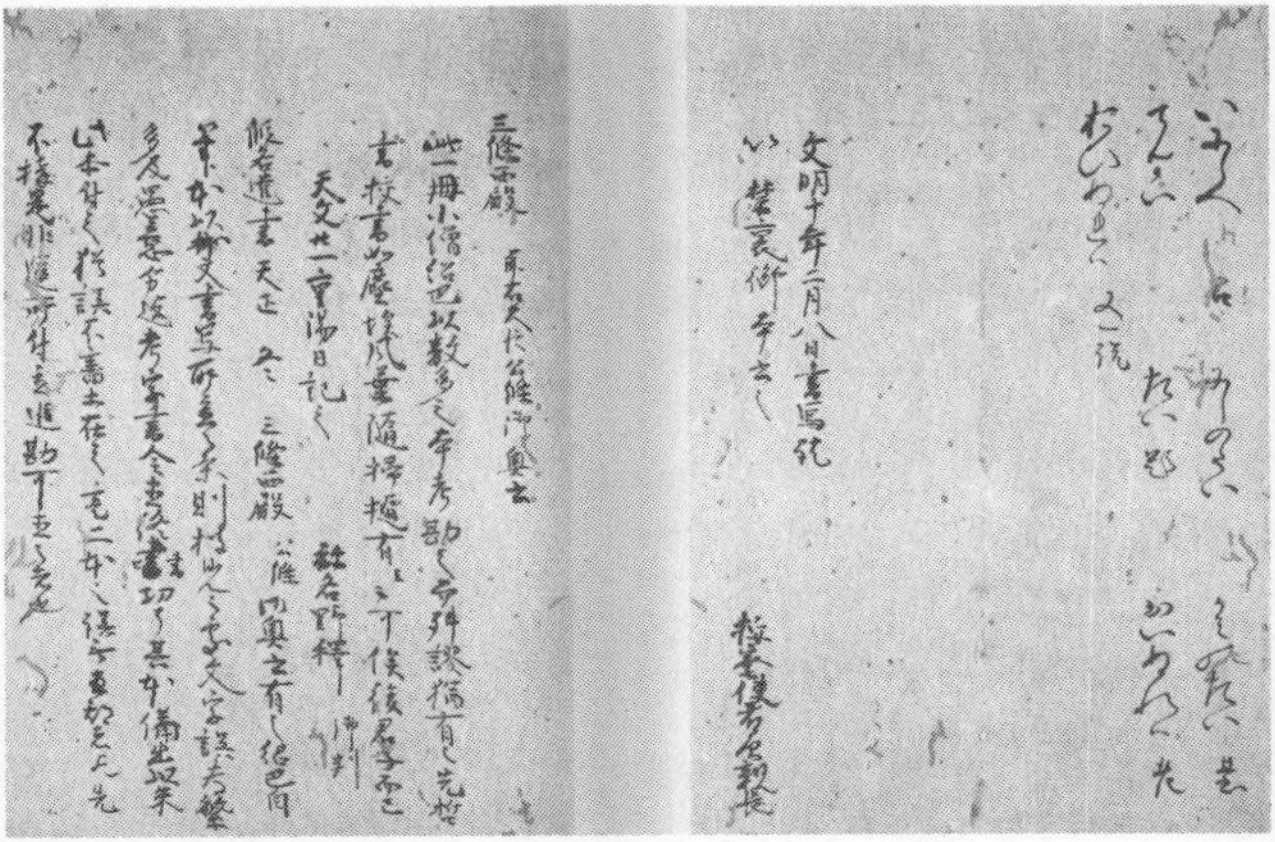

図26　陽明文庫蔵『仮名文字遣』奥書

管している。その陽明文庫に『仮名文字遣』が蔵されている。

図26はその奥書である。陽明叢書14『中世国語資料』（一九七六年、思文閣出版刊）から引用させていただいた。『仮名文字遣』の「本文」が「おひぬれは又一説」と終わって、かなりの余白をもって、奥書が記されている。奥書を整理して示してみよう。

①文明十年二月八日書写訖／以　禁
裏御本書之　　按察使藤原親長
②三條西殿　前右大臣公條卿奥書
此一冊小僧紹巴以数多之本考勘之
而舛謬猶有之先哲
言校書如塵埃風葉随掃擿有云々可
俟後君子而已
天文廿一重陽日記之　称名野釈

御判
③天正　三月十九日　　　　　玄旨　判
④右以秘本予閑隙之透々令書写了
文禄四　乙未　歳霜月十八日　　梵舜

右の①〜④からすれば、この陽明文庫蔵本は、文禄四（一五九五）年の十一月十八日に「梵舜《ぼんしゅん》」が写したものということになる。「梵舜」は神道家吉田兼右の子で、『兼見卿記《かねみきようき》』を残した吉田兼見《かねみ》（一五三五〜一六一〇）の弟にあたる。兼右は清原宣賢《のぶかた》の次男。その清原宣賢は、吉田兼倶《かねとも》の三男にあたる。梵舜は豊臣秀吉をまつった豊国廟の社僧でもあった。梵舜は「玄旨」すなわち細川幽斎（一五三四〜一六一〇）（細川藤孝）の本を写していることが③からわかる。細川幽斎は織田信長に従い、後には豊臣秀吉、徳川家康にも仕えている。三条西実枝から古今伝授も受けている。細川幽斎の本は天正年間に写されているが、そのもとになっているのは、紹巴が多くの本をもって考勘した本で、三条西公條の奥書のある本であったことが②からわかる。その公條の奥書のある本は文明十（一四七八）年に甘露寺親長が写した本を写しているかと思われる。

秀吉と細川幽斎と明智光秀

右には紹巴と細川幽斎＝玄旨の名前が並んでいるが、秀吉の発句に紹巴が脇、玄旨が第三を付けた連歌が残されている。『兼見卿記』の天正十四年十月四日の条には、次のように記されている。この日、秀吉は参内し、譲位のちかい正親町《おおぎまち》天皇の仙洞《せんとう》御所を造築するために、その造築予定地を検分している。それに連歌師紹巴と細川幽斎とが扈従《こしょう》している。秀吉の発句は素直といえば素直、曲がないといえば曲がない。紹巴と玄旨の「おべっか」は徹底しているといえよう。紹巴の付句は露骨なまでに秀吉をたたえているが、玄旨も前句の「マツ（待つ）」にかけて常緑の松を持ち出して、秀吉の変わらぬ御代をたたえている。連歌のできなど二の次だといわんばかりにさえ思われる。

冬なれどのどけき空のけしき哉　　秀吉
さかへん花の春をまつころ　　紹巴
あたらしき御庭にまつを植ゑかへて　　玄旨

ところで、幽斎の父母についてはこれまではっきりとしていない面があったと思われるが、吉田兼右の姉妹《きょうだい》の子が細川幽斎で、吉田兼見、梵舜と幽斎とは従弟にあたるというみかたがある。幽斎と兼見とが親しかったことはわかっており、小川剛生は「細川幽斎――人と時代」（『細川幽斎　戦塵の中の学芸』二〇一〇年、笠間書院刊）において、「武家政権の愛顧を受け家運伸長した清原家は閨閥を広げており、男子は他家へ養子に送り込まれ、女子も有力国人や奉公衆に嫁いだ者が多い」（六ページ）と述べている。清原宣賢（一四七五〜一五五〇）は、見出し項目を「いろは」順に配列し、さらに意義分類を施した、『節用集』と同じ構成をもつ、『塵芥《じんかい》』と名付けられた辞書を著わしたことで知られており、宣賢の自筆本が京都大学附属図書館に蔵されている。

細川幽斎の嫡子忠興の正室が、明智光秀の娘である玉子（＝細川ガラシャ）であり、幽斎と明智光秀とは深い交渉があったとされている。ただし、興福寺多門院の英俊の日記である『多門院日記』の天正十年六月十七日の条には「惟任日向守ハ十二日勝龍寺ヨリ迯（逃）テ、山階ニテ一揆ニタ、キ殺レ了、首モムクロモ京へ引了云々、浅猿々々、細川ノ兵部太夫カ中間ニテアリシヲ引立之、中国ノ名誉ニ信長厚恩ニテ被召遣之、忘大恩致曲事、天命如此」とあって、「惟任日向守」すなわち明智光秀が「細川ノ兵部太夫」すなわち細川幽斎の「中間」＝家臣であったことが記されていることが指摘されている。これが事実であれば、明智光秀はかつては細川幽斎の家臣であったことになる。こうしたところにも「環状彷徨」の感がある。

さて、話を戻す。右に記されているとおりだとすれば、この陽明文庫蔵本は文明十（一四七八）年から文禄四（一五九五）年まで、百年以上の時を超えて写されてきたことになる。一つのテキストは多くの人によって伝えられていき、そのようにして時間を超えていく。

秀吉と天正遣欧少年使節と西洋音楽

一五九二年十月一日付で長崎からイエズス会総長宛てにだされたルイス・フロイスの「一五九一、九二年度・日本年報」（引用は『十六・七世紀イエズス会日本報告集』第一期第一巻、松田毅一訳、一九八七年、同朋舎出版による）には、天正十九年閏一月三日（一五九一年二月二十六日）に、天正遣欧少年使節一行二十六名が聚楽第に招聘されたことが記されている。この二十六名には、四公子はもちろんのこととして、巡察使と二名の司祭、そして通訳としてジョアン・ロドリゲスが含まれていた。

日本年報は、インド副王から「金の飾りを付けたきわめて立派なミラノ（製）の甲冑」や「珍稀な二挺の鉄砲」、「目を見はらせる貴い像の（油絵の）掛布四枚」などが秀吉に贈られたことを記している。この時にヴァリニャーノが持参したインド副王ドン・ドゥアルテ・デ・メネーゼスの書状は京都の妙法院に現存することが指摘されている。

秀吉は返礼として、日本人四公子とポルトガル人全員の「おのおのに絹小袖一枚と銀五枚を授け、通訳を務めた二人の修道士（ジョアン・ロドゥリーゲスとアンブロジオ・フェルナンデス）には、（一人ずつに）銀三十枚と絹小袖一枚を授けた。（略）これほどの銀子と絹小袖を贈ることによって、関白殿は特別の厚遇を示したのであり、これほどの大度は今までいかなる使節に対しても示したことのないものであった」（二二七ページ）と記している。そして秀吉がインド副王に返礼として贈った鎧二領は、マドリードの王宮武器庫にあり、副王宛書状の案文は天理図書館に蔵されていることがわかっている。

食事の後に秀吉は「日本の四公子に、ヨーロッパで学んだという音楽を奏でて聞かせてもらいたいから、自分の前に出るようにと命令した。そこでただちにシンバル、絃楽器その他の楽器が持ち込まれた。関白殿は非常に優雅で心地よい演奏に聞き入り、楽器で三度も同じ小曲を繰り返すことを命令したほどであった。そして関白殿は、それぞれの楽器を手にとり、種々質問し、そして彼らが日本人であることを非常に嬉しく思うと述べた」（二二九ページ）という。

ここで使われた楽器は、クラヴィチェンバロ、クラヴィコード、アルパ、リュート、ヴィオラ・ダ・ガンバであったと推定されている。皆川達夫氏は、四公子がヨーロッパ滞在中によく耳にしたジョスカン・デプレの「千々の悲しみ（Mille regrets）」（神聖ローマ帝国皇帝カール五世が好んだところから「皇帝の歌」とも呼ばれた）が演奏されたのではないかと推測している。この日、聚楽第の室内空間にヨーロッパから持ち帰られた西洋楽器の音色が響き渡ったことになる。

『多門院日記』の天正十九年閏正月十二日の条には「去八日キリシタン国「ナンハンノ内歟」大ウス関白殿へ御礼申了、種々サマ〳〵ノ宝ヲ進上了云々」とあり、二十一日の条には「大ウス両寺入堂社参、并両門庭見物、中坊ヨリ案内者付了」との記事がみえ、「大ウス」（おそらくはヨーロッパから来た人々を指す）が興福寺を訪れていることが窺われる。

第三章で採りあげたキリシタン版を印刷する機械をヨーロッパからもたらした四公子＝クワトロ・ラガッツィ、『日本（大）文典』を著わしたジョアン・ロドリゲス、そして第四章で採りあげた秀吉が、この日、聚楽第で顔を合わせ、そこに響く西洋音楽にともに耳を傾けていた。それは不思議な空間であり、可能性に満ちた空間でもあったのではないだろうか。

図27は天正遣欧少年使節がイタリアのイモラ市を通過した際（一五八五年六月十八日イモラ市到着）に受けた厚遇に対して、感謝の意をあらわしている文書で、現在はイモラ市会議事録の本の中に貼り込まれているという。仙台市博物館新館開館10周年記念特別展図録「世界と日本――天正・慶長の使節」（一九九五年）から引用させていただいた。

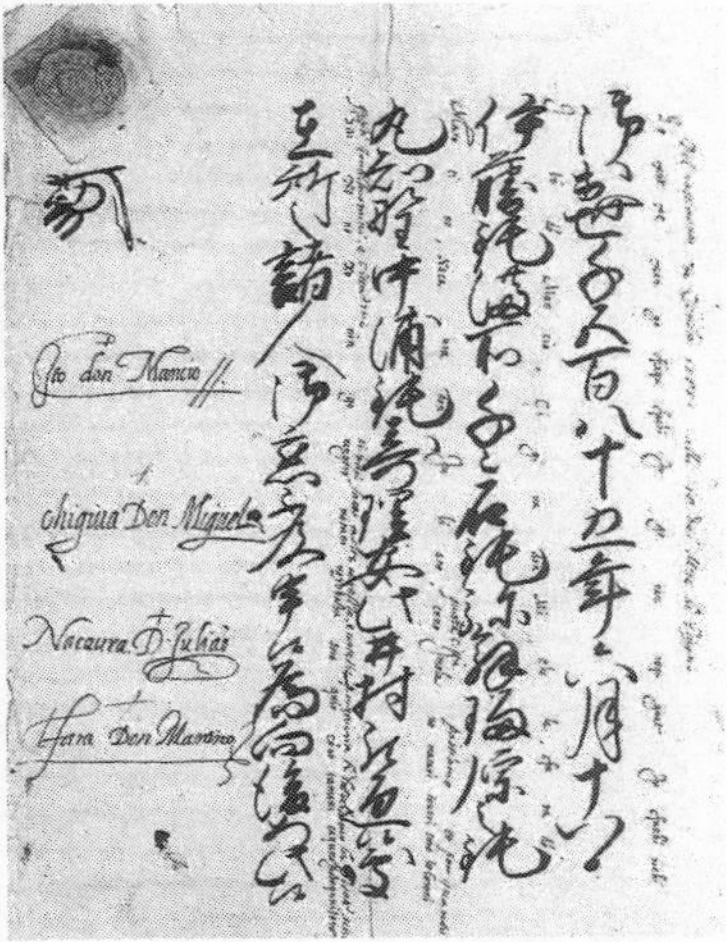
Ito don Mancio
Chiguia Don Miguel
Nacaura D. Julião
Hara Don Martino

図27　イモラ市宛て天正遣欧少年使節感謝状

一行目に「御出世千五百八十五年六月十八日」とあり、二行目以降には「伊藤鈍満所」（伊藤ドンマンショ）「千々石鈍弥解瑠」（千々石ドンミゲル）「原之鈍丸知野」（原ドンマルチノ）「中浦鈍壽理安」（中浦ドンジュリアン）と四公子の名が書かれている。ただし伊東マンショの伊東がなぜか「伊藤」と書かれているが、松田毅一はその著

『天正遣欧使節』（一九九一年、朝文社刊）において、この文書を書いた人物を日本人修道士ロヨラであると述べている（二一九ページ）。またイモラは漢字で「井村」と記されている。左側には、四公子のラテン文字による署名がみえ、「行間にイタリア語訳文が書きこまれて」（同前）いることが指摘されている。左上の花押は伊東マンショの花押。キリシタン版を知っていれば、このように、一枚の紙の上に、ラテン文字と行草書体の漢字が記されていてもさほど驚くことはないともいえるが、やはり、こうした時代であることを強く意識させる。モノのもっている力は強い。

『日本使節の見聞対話録』あるいは『九州三侯遣欧使節見聞対話録』などと日本語訳されることのある『*DEMISSIONE LEGATORVM IAPONEN*』なる一書が一五九〇年にマカオで印刷出版されている。使節を送ることの立案者ともいうべき、ヴァリニャーノはインドのゴアで留め置かれ、結局四公子とともにヨーロッパを歴訪することはなかったが、ヨーロッパから戻ってきた四公子とインドのゴアで再会した。その時に、四公子ら一行から見聞などを聴取して、その記録を整理、一書に編纂し、ラテン語に造詣の深い同僚、ドゥアルテ・デ・サンデに翻訳させたものとみなされている。この書物は、公子四人、とりわけ千々石ミゲルが、大村喜前《よしあき》の弟リノ、有馬晴信の弟レオを相手に、旅行中の見聞を三十四回にわたって語る形式を採っている。それゆえ、フィクションが含まれている可能性がある。この書物は、新異国叢書第Ⅰ輯第五巻『デ・サンデ天正遣欧使節記』として泉井久之助他に翻訳されているので、現在では日本語で読むことができるようになっている。この書物には、ヨーロッパでの一行の様子が詳しく述べられている。

本書においては、おもに室町時代の日本語について述べることに紙幅を割いているので、茶の湯についてはほとんど述べることができなかった。NHK大河ドラマ『軍師官兵衛』では伊武雅刀扮する千利休が秀吉にしばしば諫言をし、ついには切腹を命じられる場面が描かれている。信長が公家を招いた大規模な茶会を開こうとしていて、本能寺の変にあったことはすでに述べた。秀吉の何度かにわたる「大茶会」も知られている。武家は茶の湯とも深く結びついていた。

千利休は千宗易と名乗っていた。この「宗」は京都、大徳寺系の禅僧に付けられる字であった。鎌倉期に北条氏が臨済宗と深くかかわってから、禅宗の中でも臨済宗は政治権力と結びつくようになっていった。室町幕府は五山、十刹、諸山、林下《りんか》と寺格を定める制度によって寺院を統制、保護し、その結果として五山を中心として禅寺が発展していく。五山では、五山文学に代表されるような文字を介して実相を求める「文字禅」が提唱されていた。室町時代の中期以降になると、大徳寺や妙心寺のように、政治権力の統制、保護から離れて、文字を媒介とせず、坐禅を重視する「祖師禅」を提唱する禅寺が活動をするようになり、これらは林下と呼ばれるが、地方の戦国武将はこの林下と結びつきをもつようになる。村田珠光による侘茶が堺の町人である武野紹鷗に受け継がれ、千利休によって大成されるが、堺の今井宗久、津田宗及も「宗」字を名乗っており、大徳寺の「外護者」であったことがわかる。つまり、茶の湯は禅林とも深く結びついており、その一方で、茶の湯は武家とも深く結びついていた。

このようにみると、室町時代という時代はきわめて「濃密な時代」であったと思わざるを得ない。それは「日本文化の始発」というとらえ方ができそうなことからもわかる。本書がさまざまな可能性に満ちた、芳醇な時代の雰囲気を伝え、その時代の日本語がどのようなものであったかについて、いくらかでも伝えられていればさいわいだ。

おわりに

本書ではふれることができなかったが、黒田官兵衛（如水圓清）が妻の櫛橋光（雅号幸圓）、嫡男長政らと慶長七（一六〇二）年二月十六日に行なった夢《む》想《そう》之《の》連歌《れんが》の懐紙が福岡市博物館に蔵されている。『黒田官兵衛と竹中半兵衛』（二〇一三年、洋泉社ＭＯＯＫ）にもその一部の写真が掲載されているので誰でもみることができる。

夢想之連歌とは、夢の中で、神仏によって示された句を起句《たてく》として神を法楽する連歌のことで、「松むめや末なかかれとみとりたつ」「山よりつゝくさとはふく岡」が起句とされている。この「ふく岡」が地名「福岡」の由来とされている。起句に続いて圓清が「朝夕のけふりもかすむ浦半にて」と続け、それに妻の幸圓が「長閑《（のどか）》に風のかよふ江の水」とつけ、幸圓の句には長政が「まさこちにつもれる雪や消ぬらん」とつけている。

本書の中でも述べたが、戦国大名たちは蹴鞠もすれば、茶の湯のたしなみもあり、連歌もつくっていた。筆者がたぶん中学生の頃だったと記憶するが、筑摩書房から刊行されていた日本詩人選というシリーズの何冊かが家にあり、それを読んだ。その中に小西甚一『宗祇』（一九七一年）があった。もちろんその頃連歌に興味があったわけではなく、わりに読みやすくておもしろいシリーズだったので、読んでみたにすぎない。その「あとがき」に、連歌研究で高名な学者、伊地知鐵男が若い時に資料探訪のために、有名な神社をたずねて「こちらさんには、連歌がたくさんお有りということで、伺いましたが」と言ったら、相手が「はあ、レンガ――。有りますよ。裏へ廻ってください」と言われ、裏に行くと、そこには工事用の煉瓦がたくさん積まれていたというエピソードが紹介されている。「伊地知さんからの直話だから、確かである」と記されている。伊地知鐵男は一九〇九年生まれなので、「若かりし日」を四十歳ぐらいと考えても、一九五〇年頃ということになる。小西甚一は先のエピソードを紹介した後に、「世間で連歌の何たるかを知らないのと正比例するかのごとく、国文学界でも、連歌は、きわめて不人気であるように見受ける」（二六三頁）と記しており、一九七一年に、すでにそのような「状況」であったことになる。

ごく最近、綿抜豊昭『戦国武将と連歌師』（二〇一四年、平凡社新書）が刊行された。それを読んでいたら、「おわりに」に「連歌は本文でも書いたように、一般にはほとんど知られていない」と記されていた。一九七一年にすでに引用したような状況だったのだから、それから四十年以上たった現在「ほとんど知られていない」のは当然といえば当然であるが、少し寂しい気持ちにもなった。連歌のように、場を必要とする文学は同好者がいなければなりたたないので、現在において、連歌をつくったことがある人が少ないことはしかたのないことかもしれない。しかしまた、だんだんと行なわれなくなっていく文学、文芸を急に復活させることもできない。ほそぼそとでもいいので、継続し、維持していくしかない。そんなことを思った。

小西甚一『宗祇』の中に、山田孝雄が東北大学に勤めていた頃に阿部次郎、村岡典嗣、小宮豊隆らと稽古連歌を行なっていたことが紹介され、終戦後に「しばらく要務の無かったころ、令嬢の早苗さんをはじめ数名の教授夫人がた、それに、いま京都女子大学に在勤する浜千代清君とわたくしなどが連衆となって、稽古連歌が再開された」（六十七頁）ことが記されている。小西甚一の記憶は必ずしも正確ではないようだが、「早苗さん」は筆者の母さなへである。そんなこともあって、「浜千代さん」「小西さん」はよく母から聞いていた名前であった。筆者が高知大学に赴任していた時に、ファクスを使って母と連歌を試みたこともあり、連歌をめぐるいろいろなことが今となっては懐かしい思い出である。

平成二十六年九月二十日から十一月三日まで、根津美術館で「名画を切り、名器を継ぐ」と題した、新創開館五周年記念特別展が、また同じ平成二十六年の十月四日から十一月二十四日まで、三井記念美術館で「東山御物の美―足利将軍家の至宝―」と題した特別展が行なわれた。

六代将軍足利義教（一三九四～一四四一）は、永享九（一四三七）年十月に自邸、室町殿に後花園天皇を迎えた。その時の座敷飾りを記録した「室町殿行幸御餝記《ぎょうこうおかざりき》」が徳川美術館に蔵されていることが知られている。その「御餝記」には、「御十二間」の北側に夏珪の「八景」を、東西の小壁には牧谿の「八景」を掛け並べたと記されていることが指摘されている。「八景」は『瀟湘八景図』で、牧谿の『瀟湘八景図』の一部が、根津美術館が蔵する「瀟湘八景図　漁村夕照」をはじめとする四幅にあたると考えられている。現存する四幅には義満の蔵書印である「道有」印がおされており、義満の時代には巻物から掛け物に改装されていたと推測されている。名画が切られたことになるが、それはそれで一つの歴史とみることもできる。しかし、何よりも、そうした絵が現在まで伝えられていることは感慨深い。月次な表現になってしまうが、足利義教や義満が愛でた絵を見る事ができるというのは少し不思議な感覚でもある。三井記念美術館では、「漁村夕照図」と「遠浦帰帆図」とを見ることができた。本書ができあがりつつある時に、こうした絵を見ることができたことはよかった。

筆者が現在勤務している大学には、JRの品川駅からでも五反田駅からでも、大崎駅からでも歩いて行くことができる。筆者は品川駅から歩くことが多いが、途中にコンクリート造りの階段がある。筆者が勤務し始めて少し経った頃だったと記憶するが、この階段が、造りなおされた。それができあがって、きれいになったなと思っていた。ある日雨が降っていて、そこに来て驚いた。ほとんどすべての段に水がたまっていた。それから一度その階段は補修された。しかしそれでも水がたまっている段が少なからずある。この時初めて、階段は平らにつくらないと水がたまってしまうということに気づいた。ということは、そういう経験がなかったということだろう。この頃からかどうかはわからないが、今は、水がたまってしまう階段があちらこちらにあるように感じる。

階段を平らにつくる、ということがどのくらい難しいことかは、やったことのない筆者にはわからない。筆者にはできないことは言うまでもない。自分ができないことについて、何か言うことには躊躇する。だから批判ということではなくて、一般化して「継承」ということで考えてみたい。これは、かつてあった技術が継承されていないということのようにみえる。「技術の継承」だからむしろ見えやすいともいえる。文化の継承はどうだろうか。文化に関して、新しい型というものはもちろんあってよい。しかし、基本的なことがらの継承の上に、「新しい型」が成り立つともいえよう。かつてあったものを壊して乗り超えるということが必要な場合もある。といって、何でも壊せばいいということにもならない。

かつて山田俊雄は「言語使用上の保守の精神は、政治思想の上の保守、芸術思潮の上の保守とは一切無関係に存在しうる」と述べた。そうした意味合いでの言語に関わる「保守の精神」は今日、さらに重要なものとなっているように思われてならない。

二〇一四年十二月

今野真二

文庫版あとがき

本書は「河出ブックス」として二〇一五年に出版されたもので、今回文庫化されるにあたって読み返し、誤植の訂正などを行なった。出版からは六年が経過していることになる。このあとがきは二〇二一年十月七日に書いているが、六年間でもっとも大きなできごとは、日本においては、二〇二〇年一月十五日に最初の感染者が確認されてから、収束することなく続いている新型コロナウイルスの世界規模での感染拡大といってよいだろう。筆者の勤務している大学では、二〇二〇年度はほとんどの授業が「遠隔授業」となり、二〇二一年度の前期も「対面授業」を数回行なって、やはり多くの授業が「遠隔授業」となった。そして今、後期が「対面授業」で始まった。

「遠隔授業」を行なうにあたっては、インターネット上にデジタル化されて公開されている文献資料や公共の機関が構築した言語データベースなどを使わせていただいた。現在は、そうしたデジタル化された情報が次々に公開されていっている。本書一三八ページで、天草版『エソポのファブラス』四八九ページを紹介した。この『エソポのファブラス』（伊曾保物語）は『平家物語』『金句集』とともに、三部が合綴された一冊の本として大英図書館に所蔵されている。活字印刷されているが、現在のところ、この大英図書館にある一冊以外の存在が知られていない。その三部合綴の一冊全体がパブリックドメイン（public domain）に属するデジタル画像として公開されている。『広辞苑』第七版は「パブリックドメイン」を「著作物などで、その知的財産権が存在せず、あるいは消滅して、公的なものとして誰でも使用可能な状態」と説明している。この三部合綴本の巻末には六十四ページにわたって、三部合綴本全体から「難語」を抜き出してマノエル・バレト（Manoel Barreto）が説明を加えた「難語句解」の書き入れがあるが、その部分の画像も公開されている。蜘蛛の巣はまさしく世界のすみずみまでいきわたりつつある。

筆者の勤務する大学では、今年度から「初年次スタディーズ」という名前の一年生向けの（選択）必修授業が開始された。「戦国」「ことば」「プリンセス」「ファッション」「IT」をテーマとした五つのコースがあり、一年生はどれかを履修することになっている。ちょうど昨日十月六日にいっせいに開始された。筆者は「戦国」「ことば」二つのコースに科目担当者としてかかわり、かつ科目の統括責任者とともに、初年次向けの「アカデミック・ライティング」メニューをスタディーズ全体に提供することにかかわっている。五つを同時にスタートさせるために、数年前から少しずつ科目の試行が行なわれていた。

一番最初に試行されたのが「戦国スタディーズ」で、「刀剣乱舞」というゲームがはやっていることなどを考え併せて、入りやすい「入口」から入って、大学で学ぶ「知」がどのようなものかをできるだけ楽しく学ぶということを目指して科目がつくられていった。「刀剣乱舞」はミュージカル化されたり、舞台化されたりし、さらにはアニメ化、実写映画化もされたりして、いい「入口」を保ってくれているといってよいだろう。はまっている教員も少なからずいる。

サブカルチャーとしての戦国時代から入って、日本史で戦国時代がどうとらえられているかを織田信長を例として説明し、ジェンダー的なみかたも含めながら、戦国時代の女性の生き方を細川ガラシャなどを採りあげて説明する。「天正遣欧少年使節」によって日本とヨーロッパのかかわりを知ってもらう。十六世紀の世界、「大航海時代」について説明しながら、当時のスペイン、イギリスの状況を知ってもらう。ちょうどその頃がスペインでは『ドン・キホーテ』の時代で、イギリスではシェークスピアの時代なので、文学作品を採りあげて、歴史という観点から読んでみる。途中にディスカッションの回をはさんで、筆者は、戦国時代の日本語について話をする。本書でも採りあげているキリシタン版を具体的に観察しながら、当時の日本語について知ってもらう。その後、江戸時代に戦国時代がどのように評価され受容されていったか、武士の時代の終わりとして明治維新を考えて「戦国スタディーズ」は終わる。本書は日本の「戦国（時代）」を観察拠点としているが、右のようにひろがりをもってこの時代を眺めることもできる。

筆者がこのごろよく思うことは、自分の眼で資料を見て、自分の頭でそこから得られた「情報」についてよく考えることが大事だということだ。当たり前といえば当たり前のことであるが、さまざまな「情報」が日々飛び交う時代においては、そうした能力はいっそう大事になってくるだろう。

昨年度の「経験」は確実にいきている。学生の順応は早い。「遠隔授業」によって考える時間が増えたことはいいこととしてすなおにうけとめられていると感じる。新型コロナウイルスの感染拡大があってもなくても、そもそも昨日に戻ったり、一年前に戻ったりすることはできなかった。「情報」を集め、集めた「情報」に基づいて、自分でよく考え、先に進む。日々のくらしも、大学での学びも、根はつながっている。

今野真二

二〇二一年十月

参考文献

今泉淑夫『東語西話』吉川弘文館、一九九四年
大塚光信『キリシタン版エソポのハブラス私注』臨川書店、一九八三年
大塚光信・来田隆編『キリシタン版エソポのハブラス本文と総索引』清文堂、一九九九年
小川裕充監修『故宮博物院』第一巻「南北朝～北宋の絵画」日本放送出版協会、一九九七年
小川裕充監修『故宮博物院』第二巻「南宋の絵画」日本放送出版協会、一九九八年
尾原悟編キリシタン文学双書『ぎやどぺかどる』教文館、二〇〇一年
桑田忠親『太閤書信』地人書館、一九四三年
桑田忠親『武将と茶道』講談社文庫、一九八五年
今野真二『大山祇神社連歌の国語学的研究』清文堂、二〇〇九年
今野真二『かなづかいの歴史』中公新書、二〇一四年
高瀬弘一郎『キリシタンの世紀　ザビエル渡日から「鎖国」まで』岩波書店、二〇一三年
高柳光壽『戦国の人々』春秋社、一九六二年
土井忠生『ロドリゲス日本大文典』三省堂、一九五五年
土井忠生『吉利支丹語学の研究』三省堂、一九七一年
土井忠生・森田武・長南実編訳『邦訳日葡辞書』岩波書店、一九八〇年
豊島正之「ぎやどぺかどる　解説」（尾原悟編キリシタン文学双書『ぎやどぺかどる』教文館、

二〇〇一年所収）
豊島正之「キリシタン版の文字と版式」（勉誠出版、二〇〇九年『活字印刷の文化史』所収）
豊島正之編『キリシタンと出版』八木書店、二〇一三年
原勝郎『東山時代に於ける一縉紳の生活』創元社、一九四一年
福島邦道『続キリシタン資料と国語研究』笠間書院、一九八三年
ボストン美術館の至宝　中国宋・元画名品展図録、一九九六年
マイケル・クーパー著、松本たま訳『通辞ロドリゲス』原書房、一九九一年（Michael Cooper『Rodrigues the Interpreter, An Early Jesuit in Japan and China』1974の註を省き、本文の一部を抄訳したもの）
松田毅一『天正遣欧使節』朝文社、一九九一年
森正人、鈴木元編集『細川幽斎　戦塵の中の学芸』笠間書院、二〇一〇年

解説　異言語として母語を見る方法

山本貴光

かつてゲーム会社で戦国時代の日本を舞台にしたゲームの開発に携わったことがある。その際、登場する戦国武将のセリフを書きながら、そういえば本物の戦国時代では、人はどんな日本語を使っていたのだろうと思ったりしたものだった。思い返してみると、高校などの古典の授業で扱われる作品でも、奈良・平安・鎌倉、あるいは江戸期以降なら、これという作品やその一節を思い出せるものもあるのに、戦国時代となるとなにがあっただろうと記憶も怪しい（私がよく勉強していなかったからかもしれない）。

そんなこともあって、二〇一五年に河出ブックスの一冊として本書の元になった本が刊行されたとき、待ってましたと手にとった。なにしろ著者は日本語学者の今野真二さんで、それ以前もたくさんの著作を通じて日本語やその歴史について教えてもらっていた。こう言ってよければ、書物を通じての私淑である。ここでは誠に勝手ながら、親しみを込めて「今野さん」と書くことにしたい。

1　まず、戦国のイメージを揺さぶる

本書では、どのようにして戦国の日本語に迫るのか。かつてはじめて読んだ折には、文章を追うのに夢中でよく気がついていなかったが、今回改めて読んでみて、実に工夫の凝らされた構成だと感じた。

目次にあるとおり、本書全体は序章と終章を含む六つの章から成る。また、「はじめに」と「おわりに」、そして「参考文献」が添えられている。と、ここまではよい。まず印象深いのは「はじめに」が連歌の話から始まるところ。しかも瀬戸内海の海賊、村上武吉が戦勝祈願で行い奉納した連歌が紹介される。「え？　戦国時代の海賊が連歌？」と思ったあなたは既に著者の術中に陥っている。この時代の歴史について日頃から調べたりしているのでもなければ無理からぬことだ。

戦国といえば戦乱の世で、戦に明け暮れていたというイメージがつい先に立つ。だが実際には、武将たちは連歌も詠めば、茶の湯や能楽や蹴鞠も嗜んでいた。著者はそんなふうにしてまずは読者が抱いているかもしれない「武士」像を揺さぶる。

2　鳥瞰が大事

導入に続く「序章」では、大きな見取り図が示される。とりわけ重要なのは「戦国の日本語」とはどの範囲を指すのか、それはどんなふうに位置付けられるのかだ。

平安時代までの「古代語」と、江戸時代以降の「近代語」のあいだにあるので「中世語」というわけだが、これを説明するたとえが面白い。いま目の前に紀貫之と本居宣長を連れてくる。私たち現代人は、江戸時代の宣長とは話せるかもしれないが、平安時代の紀貫之とは難しいと思われる。だが、中世語の話者がいたらどちらとも話せそう。それは誰か。著者が連れてきた人物については本文でお確かめあれ。

こうした面白いたとえは忘れ難く、記憶の手がかりになるという効能もある。日本語の歴史について三人の例を置いてみると、時代によって日本語が変化してきたという印象も際立つし、宣長や紀貫之の文章をそのつもりで確認してみたくもなる。もちろん読者はめいめい他の人物で試してみてもよい。

3　異世界転生、あるいは異言語のように

さて、そうした大きな見取り図を念頭に置いた上で本論に進む。第一章から第四章までが戦国の日本語の姿を具体的に浮かび上がらせるパートである。ここにはどんな材料が並ぶか。個別の細部ではなく、全体の構成に注目しよう。お伝えしたいことを先に箇条書きすればこうなろうか（括弧内は解説者による見立て）。

- ・第一章　日記（主観：個人から見た生活や社会）
- ・第二章　辞書（客観：ことばと知の集積と分類）

・第三章　語学（客観：異言語として見られた日本語）
・第四章　手紙（主観：個人が特定個人に向けたことば）

ご覧のように各章について中心となる文書の形式と、その特徴を並べてみた。

第一章では公家の日記、とりわけ三条西実隆（一四五五〜一五三七）の『実隆公記』を中心に検討されている。そもそもこの日記が漢文で記されていたということも、現代との距離を感じるよい手がかりになる。加えて日記には、書き手が体験した日々の出来事や行ったことが記される。本書では、実隆が古典を読んだり書き写したり、和歌や連歌の会に顔を出し漢詩を嗜み、清談や沈酔を楽しみ、ときには乱酔（！）し、あるいは貴重な書物を賭けて（！）囲碁や将棋で勝負したり、といった様子を窺えて興味が尽きない。日記を材料とすることで、実隆のことば遣いはもちろんのこと、そのことばを窓として当時の生活や交流や社会を垣間見ることができるというわけである。ちょっと異世界転生のような気分も味わえる。

この第一章が個人のいうなれば主観的なことばを扱ったパートだとすれば、第二章は『節用集』を中心として、社会のなかのことば、より客観的なことばを扱っていると言えるだろう。辞書には、先人たちがことばをどのように使ったかという事例が集め編まれているからだ。もうこの世にいない人も含む、人と人のあいだにあることばだ。

また、そのように編まれた辞書は、書き写され、ときに増補されながら、それを使う人びとのことばのあり方に影響を与えもしただろう。工学の用語でたとえれば、そこには一種のフィードバックループが生じて作動する。つまりそれまでのことば遣いの事例を集めたものを人が読み、なるほどこういう意味で使うのかと参考にしたり、そこから逸れたりしながらことばをまた使ってゆく。そうして使われたことばがまた次の辞書に影響を与える。人びとの語用とそれを材料とする辞書とのあいだをことばが環流しながら少しずつ変化してゆく。

そのような装置でもある辞書に注意を向けるのが第二章だった。ことばの社会的な側面に目が向けられている。

ただし、『節用集』は作者がどこまで自覚していたかは分からないものの、その利用者は限定されていただろう。つまり狭くは作者当人の用のため、広く見積もっても日本語を母語として読み書きをする人のためにつくられたと思われる。

それに対して第三章は、外から見た日本語が検討されている。ここで「外」とは、日本語を母語としない人たち、日本語ではない言語を母語とする人たちを指す。そうした立場から異言語として観察・分析された日本語である。それを右では「語学」と称してみた。

日本にやってきたイエズス会士たちが、布教活動のために日本語の辞書や文法書をつくる。その辞書には日本語を母語とする者だったら自明なので記さなかったかもしれないことも記される。また、ラテン語文法を基礎として日本語の文法を体系的に記述するなかで、書きことばと話しことばの違いなども明確に意識されていたりする。日本語を外から異物として観察する立場である。

先ほどは辞書を客観的なことばの扱いと述べたが、それは言うなれば日本語という言語を前提としたものだった。これを仮に「母語としての客観」と呼ぶとすれば、イエズス会士たちの試みは「異言語としての客観」となろうか。

ともあれここまで見てきたように、第一章から第三章までの構成によって、戦国の日本語が、「個人」⇓「社会」⇓「異言語」という具合に、個人から日本語を母語とする他人同士へ、さらには異言語圏へと範囲を広げる方向で検討されていることがお分かりになるだろう。そう言ってよければ、現代人はいずれかといえばイエズス会士たちの立場に近いのかもしれない。つまり戦国の日本語を半ば異言語として見る立場である。なにしろ江戸以前の日本語を読もうと思ったら、文法や語彙を学ぶ必要があるのだから。

4　ことばを手がかりに室町時代を歩く

果たしてこの次になにが出てくるのか。よもや人間以外の異種とか地球以外の異星から日本語を見るわけではないものね。そう思っていると、第四章では豊臣秀吉の書状（手紙）が検討される。

手紙は先の三つの章で扱われた文書とはまた別の視点をもたらしてくれる。日記、辞書、語学が、どちらかといえば静的なことばのあり方だとすれば、手紙とは動的なことばのあり方だ。つまり、自分のための覚書や人びとが使っていることばの集積、あるいは異言語から見た日本語の文法体系などとちがって、手紙は特定の個人に向けて書かれ、場合によっては会話のように往復するものだ。あくまでも書きことばではあるけれど、書き手の話しぶりにもっとも近い、こういってよければ生きたことばである。

そして「終章」では「室町時代を「環状彷徨」する」と題して、当時の人と人のつながりに目が向けられる。手紙が人と人のあいだを行き交うように、人と人とが出会い、交流を重ねるなかから書物や創作をはじめとする文物も生まれる。「環状彷徨する」とは、そうした人びとのあいだをぐるぐるとさまよい歩くこと、散歩をするように室町時代を訪ね歩いてみることだ。どうすればそんな楽しいことができるのか。本書の全体が言ってみればそのお手本でもあるのだった。

以上、構成の妙について述べてみた。

5　探究の姿勢と手つきに学ぶ

最後に今野さんの文章の特徴と魅力について一言お伝えしたい。

その著書を読むたび、優れたポピュラーサイエンスの本を読む楽しみに通じる体験を味わっている。ポピュラーサイエンスとは、宇宙論でも生命科学でも神経科学でもなんでもよいのだが、自然科学の領域で研究されてきたことを必ずしも専門家ではない読者に向けて解説する本だ。優れたポピュラーサイエンスの本では、つい知りたいと思わせられる魅力的な謎があり、その謎に挑んだ人びとの試行錯誤のドラマがあり、ときにちょっとした寄り道をしながら、科学において発見・確認された知識についての正確な記述が提供される。本書であれば「戦国の日本語はどのようなものだったか」という問いが同じように探究されている。

日本語学、とりわけ日本語史の場合、限られた過去の史料を材料として、人びとのことば遣いやことばが使われていた状況だけでなく、思想や生活や文化なども推定することになる。このとき、史料から無理なく推定されることもあれば、断定できないこともある。本書を読むとお分かりのように、今野さんの論の運びは柔らかくもときに厳しい。例えば、あることばが当時どう発音されていたかという問いがあるとする。まずは考えられる可能性を並べ、それぞれの妥当性を検討し、さらにはその前提条件を指摘する。一例だけお示ししよう。

「フクロウ」と書いてあれば、[fukuroo]と発音していた、「フクロ」と書いてあれば、[fukuro]と発音していた、と考えるのがまずは自然であるが、長音が短めであった場合は仮名でどう書けばよいか。結局は「フクロウ」と長音形で書くか、「フクロ」と非長音形で書くかしかない。文字化するということは、そうした選択を迫るということでもある。「ありのまま」には書けないと思っておく必要もある。

（本書、八四ページ／傍線は解説者）

発音された音と、それを記す文字とのあいだにはギャップがある。だが、限られた文字で発音をあらわすには、多少無理にでも選択しなければならない。というのは、英語をカタカナで写すのに「コンピュータ」か「コンピューター」かはたまた「コンピューラー」かと複数の可能性があることを思えば理解しやすいかもしれない。

文字資料をもとに当時の発音を考える以上、この条件は避けて通れない。その上でどのように読まれていたのかを考える。一旦は「まずは自然」な見方を示す。だがそこに潜んでいる前提条件について「思っておく」必要もある。言い換えれば、自分がどのような前提で認識しようとしているのかを念頭におくべしというわけである。

これはほんの一例だが、今野さんが対象に潜む可能性を探り、そうした可能性を成り立たせている条件に目を向けながら妥当な解釈や推定を組み立ててゆくその手つきに注目してみると、本書のそこかしこに興味深い書き方、論じ方が見つかるだろう。

著者からしたら、そこを褒められても困るという話かもしれない。「山本さん、それは日本語学の初歩ですよ」という声が聞こえてくるような気もする。他方でこうも思う。たしかに然るべきトレーニングを積み、経験を重ねた研究者にとっては当然のことかもしれない。だが、それを門外漢にも分かるように、また読みたくなるように書くとなると話はおのずと別だ。私の見るところでは、今野さんはその達人の一人なのである。

日本語や歴史の話では、気をつけないといつの間にか細部にまみれて文脈が見失われ、迷子になりがちだ。今野さんの書くものには常に鳥の目と虫の目、そして等身大の私たちのものでもある人の目という複数のスケールが編み合わされているので、迷路で方向を見失うということがない。具体的な資料から事例を列挙し、その書きぶりにどこまでも近づいて仔細に観察したかと思えば、それを書いた人物やその状況、あるいは文化や社会の背景、さらには歴史という長いスパンでの眺望が与えられる。本書を戦国の日本語を知るための優れた案内としておすすめする所以である。

（文筆家・ゲーム作家）

本書は二〇一五年二月に小社より河出ブックスの
一冊として刊行されました。

戦国《せんごく》の日本語《にほんご》
五百年前《ごひゃくねんまえ》の読《よ》む・書《か》く・話《はな》す

二〇二一年一二月一〇日　初版印刷
二〇二一年一二月二〇日　初版発行

著　者　今野《こんの》真二《しんじ》
発行者　小野寺優
発行所　株式会社河出書房新社
〒一五一-〇〇五一
東京都渋谷区千駄ヶ谷二-三二-二
電話〇三-三四〇四-八六一一（編集）
〇三-三四〇四-一二〇一（営業）
https://www.kawade.co.jp/

ロゴ・表紙デザイン　粟津潔
本文フォーマット　佐々木暁
印刷・製本　中央精版印刷株式会社

Printed in Japan　ISBN978-4-309-41860-5

教科書では教えてくれない　ゆかいな日本語

今野真二　41653-3

日本語は単なるコミュニケーションの道具ではない。日本人はずっと日本語で遊んできたと言ってもよい。遊び心に満ちた、その豊かな世界を平易に解説。笑って読めて、ためになる日本語教室、開講。

教科書では教えてくれない　ゆかいな語彙力入門

今野真二　41701-1

語彙力は暗記では身につきません！　楽しい、だけど本格的。ゆかいに学べて、一生役に立つ日本語教室、開講。場面に応じた言葉をすっとひきだせる、ほんとうの語彙力の鍛えかたを授けます。

大野晋の日本語相談

大野晋　41271-9

一ケ月の「ケ」はなぜ「か」と読む？　なぜアルは動詞なのにナイは形容詞？　日本人は外国語学習が下手なの？　読者の素朴な疑問87に日本語の泰斗が名回答。最高の日本語教室。

日本語のかたち

外山滋比古　41209-2

「思考の整理学」の著者による、ことばの姿形から考察する、数々の慧眼が光る出色の日本語論。スタイルの思想などから「形式」を復権する、日本人が失ったものを求めて。

日本語と私

大野晋　41344-0

『広辞苑』基礎語千語の執筆、戦後の国字改革批判、そして孤軍奮闘した日本語タミル語同系論研究……「日本とは何か」その答えを求め、生涯を日本語の究明に賭けた稀代の国語学者の貴重な自伝的エッセイ。

現古辞典

古橋信孝／鈴木泰／石井久雄　41607-6

あの言葉を古語で言ったらどうなるか？　現代語と古語のつながりを知るための「読む辞典」。日常のことばに、古語を取り入れれば、新たな表現が手に入る。もっと豊かな日本語の世界へ。

広辞苑先生、語源をさぐる

新村出　41599-4

あの『広辞苑』の編纂者で、日本の言語学の確立に大きく貢献した著者が、身近な事象の語源を尋ね、平たくのんびり語った愉しい語源談義。語源読み物の決定版です。

カタカナの正体

山口謠司　41498-0

漢字、ひらがな、カタカナを使い分けるのが日本語の特徴だが、カタカナはいったい何のためにあるのか？　誕生のドラマからカタカナ語の氾濫まで、多彩なエピソードをまじえて綴るユニークな日本語論。

差別語とはなにか

塩見鮮一郎　40984-9

言語表現がなされる場においては、受け手に醸成される規範と、それを守るマスコミの規制を重視すべきである。そうした前提で、「差別語」に不快を感じる弱者の立場への配慮の重要性に目を覚ます。

感じることば

黒川伊保子　41462-1

なぜあの「ことば」が私を癒すのか。どうしてあの「ことば」に傷ついたのか。日本語の音の表情に隠された「意味」ではまとめきれない「情緒」のかたち。その秘密を、科学で切り分け感性でひらくエッセイ。

言葉の誕生を科学する

小川洋子／岡ノ谷一夫　41255-9

人間が“言葉”を生み出した謎に、科学はどこまで迫れるのか？　鳥のさえずり、クジラの泣き声……言葉の原型をもとめて人類以前に遡り、人気作家と気鋭の科学者が、言語誕生の瞬間を探る！

時代劇は死なず！　完全版

春日太一　41349-5

太秦の職人たちの技術と熱意、果敢な挑戦が「新選組血風録」「木枯し紋次郎」「座頭市」「必殺」ら数々の傑作を生んだ——多くの証言と秘話で綴る白熱の時代劇史。春日太一デビュー作、大幅増補・完全版。

いまをひらく言葉

武田双雲　41446-1

何気ないひと言で人生が変わることがある。一つひとつの文字に宿る力、日々の短い言葉に宿る力。言葉によって人生はどれほど豊かになるだろう――溢れる想いを詰め込んだ書道家・武田双雲初の"言葉集"。

ヘタな人生論より空海のことば

池口恵観　41101-9

矛盾や不条理だらけの社会のなかで地に足をつけ、心穏やかに、そして強く生きるためにはどうすればいいのか……。そのヒントを、日本真言宗の開祖であり、実践を重んじてきた空海のことばより紐解きます。

ヘタな人生論より一休のことば

松本市壽　41121-7

生きにくい現代をどのように生きるのか。「とんちの一休さん」でおなじみ、一休禅師の生き方や考え方から、そのヒントが見えてくる！　確かな勇気と知恵、力強い励ましがもらえる本。

くらしとことば

吉野弘　41389-1

「夕焼け」「祝婚歌」で知られる詩人ならではの、言葉の意味の奥底に眠るロマンを発見し、細やかなまなざしが人生のすみずみを照らす、彩り豊かなエッセイ集。

ことばと創造　鶴見俊輔コレクション4

鶴見俊輔　黒川創〔編〕　41253-5

漫画、映画、漫才、落語……あらゆるジャンルをわけへだてなく見つめつづけてきた思想家・鶴見は日本における文化批評の先駆にして源泉だった。その藝術と思想をめぐる重要な文章をよりすぐった最終巻。

言説の領界

ミシェル・フーコー　慎改康之〔訳〕　46404-6

フーコーが一九七〇年におこなった講義録。『言語表現の秩序』を没後三十年を期して四十年ぶりに新訳。言説分析から権力分析への転換をつげてフーコーのみならず現代思想の歴史を変えた重要な書。

言葉の外へ

保坂和志　41189-7

私たちの身体に刻印される保坂和志の思考――「何も形がなかった小説のために、何をイメージしてそれをどう始めればいいのかを考えていた」時期に生まれた、散文たち。圧巻の「文庫版まえがき」収録。

さよならを言うまえに　人生のことば292章

太宰治　40956-6

生れて、すみません――三十九歳で、みずから世を去った太宰治が、悔恨と希望、恍惚と不安の淵から、人生の断面を切りとった、きらめく言葉の数々をテーマ別に編成。太宰文学のエッセンス！

私が語り伝えたかったこと

河合隼雄　41517-8

これだけは残しておきたい、弱った心をなんとかし、問題だらけの現代社会に生きていく処方箋を。臨床心理学の第一人者・河合先生の、心の育み方を伝えるエッセイ、講演。インタビュー。没後十年。

考えるということ

大澤真幸　41506-2

読み、考え、そして書く――。考えることの基本から説き起こし、社会科学、文学、自然科学という異なるジャンルの文献から思考をつむぐ実践例を展開。創造的な仕事はこうして生まれる。

本を読むということ

永江朗　41421-8

探さなくていい、バラバラにしていい、忘れていい、歯磨きしながら読んでもいい……本読みのプロが、本とうまく付き合い、手なずけるコツを大公開。すべての本好きとその予備軍に送る「本・入門」。

アウトブリード

保坂和志　40693-0

小説とは何か？　生と死は何か？　世界とは何か？　論理ではなく、直観で切りひらく清新な思考の軌跡。真摯な問いかけによって、若い表現者の圧倒的な支持を集めた、読者に勇気を与えるエッセイ集。

小説の聖典《バイブル》　漫談で読む文学入門

いとうせいこう×奥泉光＋渡部直己　41186-6

読んでもおもしろい、書いてもおもしろい。不思議な小説の魅力を作家二人が漫談スタイルでボケてツッコむ！　笑って泣いて、読んで書いて。そこに小説がある限り……。

小説の読み方、書き方、訳し方

柴田元幸／高橋源一郎　41215-3

小説は、読むだけじゃもったいない。読んで、書いて、訳してみれば、百倍楽しめる！　文豪と人気翻訳者が〈読む＝書く＝訳す〉ための実践的メソッドを解説した、究極の小説入門。

カフカ式練習帳

保坂和志　41378-5

友人、猫やカラス、家、夢、記憶、文章の欠片……日常の中、唐突に訪れる小説の断片たち。ページを開くと、目の前に小説が溢れ出す！　断片か長篇か？　保坂和志によって奏でられる小説の即興演奏。

時間のかかる読書

宮沢章夫　41336-5

脱線、飛躍、妄想、のろのろ、ぐずぐず――横光利一の名作短編「機械」を十一年かけて読んでみた。読書の楽しみはこんな端っこのところにある。本を愛する全ての人に捧げる伊藤整賞受賞作の名作。

瓦礫から本を生む

土方正志　41732-5

東北のちいさな出版社から、全国の〈被災地〉へ。東日本大震災の混乱の中、社員２人の仙台の出版社・荒蝦夷が全国へ、そして未来へ発信し続けた激動の記録。３・11から10年目を迎え増補した決定版。

本の背中　本の顔

出久根達郎　40853-8

小津文献の白眉、井戸とみち、稲生物怪録、三分間の詐欺師、カバヤ児童文庫……といった（古）本の話題満載。「四十年振りの大雪」になぜ情報局はクレームをつけたのか？　といった謎を解明する本にも迫る。